中华经典精粹解读

资治通鉴

贺生达　王远望　刘朔岑 编著

中華書局

图书在版编目（CIP）数据

资治通鉴/贺生达，王远望，刘朔岑编著．—北京：中华书局，2012.4（2024.7重印）
（中华经典精粹解读）
ISBN 978-7-101-08521-1

Ⅰ.资…　Ⅱ.①贺…②王…③刘…　Ⅲ.①中国历史：古代史-编年体②资治通鉴-注释③资治通鉴-译文　Ⅳ.K204.3

中国版本图书馆CIP数据核字（2012）第018317号

书　　名　资治通鉴
编 著 者　贺生达　王远望　刘朔岑
丛 书 名　中华经典精粹解读
责任编辑　谷笑鹏
责任印制　陈丽娜
出版发行　中华书局
（北京市丰台区太平桥西里38号　100073）
http：//www.zhbc.com.cn
E-mail：zhbc@zhbc.com.cn
印　　刷　天津画中画印刷有限公司
版　　次　2012年4月第1版
2024年7月第5次印刷
规　　格　开本/880×1230毫米　1/32
印张8¾　插页1　字数120千字
印　　数　23031-26030
国际书号　ISBN 978-7-101-08521-1
定　　价　45.00元

出版说明

在快节奏的现代生活中，如何在有限的时间里读到中国传统文化中最经典的著作？怎样才能尽快领略到经典的核心要义，减少在茫茫书海中不得要领的辛苦？“中华经典精粹解读”丛书正是为适应当代读者需求而特别编写的国学经典普及丛书。

丛书“精粹”二字体现在两个方面：一是所选典籍均为中国传统文化中最具代表性的著作，二是所选文段均为经典中的精华部分。

原文后附“扩展阅读”，是参照原文选段，从其他经典著作中选摘出的内容、思想与本段相关的语段，以使读者获得比较阅读的乐趣，视野得以开阔，思路得以拓宽，从而更加全面深入地理解选文。

段末“点评”，是在充分尊重前人思想成果的基础上，从当代人的视角出发，对文段精髓加以讨论解读，以唤起读者更多的思索和体悟。

原文选段及扩展阅读选段之后，辅以侧重语词解释的注释和串讲文意的译文，不作繁琐考证，以助理解；生僻字词均加注汉语拼音，以利诵读。

本套丛书选用中华书局出版的权威版本作为底本，由富有研究成果的专家学者协力遴选篇章、撰写导言及点评，在此对专家学者们“撷取务精、注释务准”的专业精神表示由衷谢意。

藉由此书，我们愿为古典文学爱好者以及有兴趣了解经典的读者奉上可参考的常备读本。希望我们的努力可以为传统经典贴近当代读者、当代读者走近传统经典助力。

中华书局编辑部

2012 年 4 月

导 言

《资治通鉴》简称《通鉴》，是北宋著名历史学家司马光主编的一部官修编年体通史，参加《通鉴》编写的还有刘攽、刘恕、范祖禹、司马康等人。《通鉴》一共记录了1362年的历史，上起周威烈王二十三年（前403年），下至后周显德六年（959年），全书约300多万字，分294卷。其中《周纪》五卷，《秦纪》三卷，《汉纪》六十卷，《魏纪》十卷，《晋纪》四十卷，《宋纪》十六卷，《齐纪》十卷，《梁纪》二十二卷，《陈纪》十卷，《隋纪》八卷，《唐纪》八十一卷，《后梁纪》六卷，《后唐纪》八卷，《后晋纪》六卷，《后汉纪》四卷，《后周纪》五卷。

司马光（1019年—1086年），字君实，陕州夏县（今山西夏县）人，是北宋著名的政治家、文学家、史学家，历任天章阁待制兼侍讲、知谏院、翰林侍读学士等官职。宋神宗熙宁年间，司马光强烈反对王安石变法，于是上疏请求外任，熙宁四年（1071年）司马光出西京御史台，自此以后居洛阳十五年，不问政事，潜心编写《资治通鉴》，直至元丰七年（1084年），全书修成。《通鉴》修成后的两年，司马光就病逝了，年六十八。其一生可谓是“精力尽于此书”。除了《资治通鉴》之外，司马光还著有《通鉴目录》、《通鉴考异》、《稽古录》、《司马文正公传家集》等三十余部作品。此外，他在文学、经学和哲学上也有一定的研究。

宋代时，已有不少的像《史记》、《汉书》这样的史书名作，然而“《春秋》之后，迄今千余年，《史记》至《五代史》，一千五百卷，诸生历年莫能竟其篇第，毕世不暇举其大略，厌烦趋易，行将泯灭”，编纂一部扼要而又详尽的通史，是符合当时的需求的。司马光本人也早有治史的愿望，在治平三年（1066年）时，已修成了一部八卷的编年史，名为《通志》。宋神宗读过《通志》后，认为该书“鉴于往事，有资于治道”，因而钦赐名为《资治通鉴》。后来司马光便退居洛阳，潜心完成了《资治通鉴》。其编修的目的，就是“鉴前世之兴衰，考当今之得失”，通过对事关国家盛衰、民族兴亡的统治阶级政策的描述，总结出一些经验，来警示后人，教帝王以巩固自身统治的办法，所以《通鉴》的内容政治方面的较多。

《通鉴》的修编采用了编年体的方式，与《左传》相同，司马光自己也说《通鉴》是“因丘明编年之体”。在记录史实时，依照时代的先后顺序，以年月为经，史实为纬，顺序记写，在一些重大的历史事件上，会把前因后果和关联的各方面讲解清楚。然而在历史事件的评价问题上，《通鉴》不像《左传》那样态度鲜明，或褒或贬，陈垣先生的《胡注通鉴表微》讲道：“《通鉴》书法，不尽关褒贬，故不如《春秋》之严。温公谦不敢法《春秋》，而志在续《左氏传》，有所感触，亦仿左氏设辞‘君子曰’而称‘臣光曰’以发之。余则据事直书，使人随其实地之异而评其得失，以为鉴戒，非有一定不易之书法也。”

司马光在编著《通鉴》时，广泛搜集各种材料，除了正史之外，还采用杂史三百二十二家。司马康在收集史料的问题上曾经讲过：“唐以来稗官野史暨夫百家谱录、正集别集、墓志碑碣、行状别传幸多存，而不敢少忽也。”胡三省也称：“温公便阅旧史，旁采小说，抉擿幽隐，荟稡为书，劳矣。”书中的一个史实往往要根据多种材料的考查才能编纂而成，由此可见《通鉴》在材料收集上下了很大的功夫。

司马光对全书文字句法的锤炼，文章的剪裁、校订和删改都一丝不苟，亲力亲为。例如像《唐纪长篇》，原本有六七百卷，最后被司马光删改至八十一卷。刘恕在《通鉴外纪·后序》里提到司马光在修订《通鉴》时有着“因丘明编年之体，仿荀悦简要之文，网罗众说，成一家言”的原则。也是在司马光“研精极虑，穷竭所有”的努力下，《通鉴》在修成后，语言上博约得宜，体例上统一一致，前后如出一人之手。

基于《通鉴》“鉴于往事，资于治道”的宗旨，为了提醒统治阶级接受历史教训，书中的内容涉及政治方面的较多，像有关国家兴亡的“幽王烽火戏诸侯”，讲行军用兵策略的“围魏救赵”，谈论人主修养的“十思疏谏”，关于人才选用的“子思荐苟变”，或是讲述为官准则的“唐溪拒饷”，以及像教化人民或者处理民族关系等巩固政治统治的内容。比较之下，书中关于经济方面的内容就相对要少，而文化上或者是关于历史人物的评价则更少了一些。

《通鉴》在叙事之后常有附记，共计186篇，其中大多数标以“臣光曰”，是司马光针对一些历史事件阐发自己关于维持政治统治秩序的看法，是为了维护封建统治而服务的观点。

《资治通鉴》是我国历史上一部空前的史学巨著，自成书以来，除《史记》之外，其他史学著作几乎都不可以和《资治通鉴》媲美。神宗奖谕诏书称：“史学之废久矣。纪次无法，论议不明，岂足以示惩劝，明远久哉！卿博学多闻，贯穿今古，上自晚周，下讫五代，发挥缀缉，成一家之书，褒贬去取，有所据依。” 后世诸家学者都对《资治通鉴》有所点评褒奖，南宋史学家王应麟就说：“自有书契以来，未有如《通鉴》者。”宋末元初的胡三省在《新注资治通鉴序》中也评价此书：“为人君而不知《通鉴》，则欲治而不知自治之源，恶乱而不知防乱之术；为人臣而不知《通鉴》，则上无以事君，下无以治民；为人子而不知《通鉴》，则谋身必至于辱先，作事不足以垂后。”今天，《资治通鉴》仍然为我们提供了大量的史料和语料，是我们研史、治学的必备之书。

因为《通鉴》内容甚多，文字浩瀚，这次出版的“精粹解读”版《资治通鉴》，便只选取了《通鉴》中的一些颇有意义的段落，以小故事的形态呈献给大家。同时，我们还把这些小故事分成了德政、谋略、情操、劝谏、用人和教训等几类，并以其他典籍中的类似故事相配套，使得我们在阅读时可以更好、更明白地了解古人所要传达的思想。望这本小册可以让更多的人走近历史，了解历史，在历史中沉思、升华，在历史中有所发现。今天，书稿即将出版，愿此书真的能够对大家有所启迪，但由于水平有限，不当之处敬祈批评、指正。

贺生达

2011年11月9日于首都师范大学

目　录

持德修身政之本——德政篇

君子由来不唯兵——谋略篇

玉壶冰心谱春秋——情操篇

春风润心静无声——劝谏篇

不拘一格选才俊——用人篇

前车之鉴不敢忘——教训篇

持德修身政之本

——德政篇

智果进言

初，智宣子将以瑶为后[①]。智果曰[②]："不如宵也[③]。瑶之贤于人者五，其不逮者一也[④]。美鬓长大则贤，射御足力则贤，伎艺毕给则贤[⑤]，巧文辩慧则贤[⑥]，强毅果敢则贤，如是而甚不仁。夫以其五贤陵人[⑦]，而以不仁行之，其谁能待之[⑧]？若果立瑶也，智宗必灭[⑨]。"弗听，智果别族于太史，为辅氏[⑩]。

（周纪一）

【注释】

①智宣子：智甲，晋国的卿。　　瑶：智瑶，即智宣子的儿子智伯，谥号智襄子。

②智果：晋国大夫。

③宵：智宵，智宣子的庶子。

④不逮:不及，指不足、短处。

⑤伎：才能。　毕给：毕具。给，足。

⑥巧文辩慧：能写善辩。

⑦陵：这里是管理的意思。

⑧待：引申为和睦相处。

⑨智宗：智氏宗族。

⑩别族：脱离宗族。　太史：三代（夏、商、周）为史官及历官之长。为辅氏：改称智氏为辅氏。

【译文】

当初，晋国的智宣子想要立智瑶为继承人。大夫智果说："他比不上智宵呀。智瑶有超过他人的五个长处，有一个短处。美发高大是长处，善于骑射是长处，才艺双全是长处，能写善辩是长处，坚毅果敢是长处。虽然有这样的长处，但却很不仁厚。如果他以这五项长处来管制别人而做不仁不义的坏事，谁又能与他和睦相处呢？要是真的立智瑶为继承人，那么智氏宗族一定会灭亡。"智宣子不听他的意见。于是智果便向太史请求脱离智族姓氏，改称为辅氏。

扩展阅读

仁主宋公

宋公及楚人战于泓①。宋人既成列，楚人未既济②。司马曰③："彼众我寡，及其未既济也，请击之。"公曰："不可。"既济而未成列，又以告。公曰："未可。"既陈而后击之④，宋师败绩。公伤股，门官歼焉⑤。国人皆咎公⑥。公曰："君子不重伤⑦，不禽二毛⑧。古之为军也，不以阻隘也⑨。寡人虽亡国之余⑩，不鼓不成列。"

（《左传·僖公二十二年》）

【注释】

①宋公：宋襄公，名兹父，春秋中前期宋国国主。　泓：泓水，在今河南省柘（zhè）城县。

②既：尽，全。　济：渡河。

③司马：统帅军队的高级长官，此指子鱼。

④陈：同"阵"，这里作动词，即摆好阵势。

⑤门官：国君的卫士。
⑥咎：责备。
⑦重（chóng）：再次。
⑧禽：同"擒"。　二毛：头白有二色，借指老人。
⑨阻隘：指在险要的地方阻击（敌人）。
⑩亡国之余：亡国者的后代。宋襄公是商朝的后代，商亡于周。

【译文】

宋襄公与楚军在泓水交战。当时宋军已摆好了阵势，楚军还没有完全渡过泓水。担任司马的子鱼对宋襄公说："他们人多而我们人少，应该趁着他们还没有全部渡过泓水，请您下令进攻他们。"宋襄公说："不行。"楚国的军队已经全部渡过泓水还没有摆好阵势，子鱼又建议宋襄公下令进攻。宋襄公还是回答说："不行。"等楚军摆好了阵势以后，宋军才去进攻楚军，结果宋军大败。宋襄公的大腿受了伤，他的卫士也都被杀死了。于是宋国人都埋怨宋襄公。宋襄公却说："有道德的人在战斗中，只要敌人已经负伤就不再度去杀伤他，也不俘虏年老的敌人。古时候指挥战斗，不在险要的地方阻击敌人。我虽然是已经亡国的商朝的后代，却不会去击鼓进攻没有摆好阵势的敌人。"

点　评

仁是立身之本，拥有它，可以洗涤灵魂、净化身心，世界就会处处充满着和谐。人人都摈弃了它，这世界就会处处充满着勾心斗角。所以，无论是谁，都不应该失去仁心。也正是这样，贵为晋国接班人的智瑶虽有"五贤"之长，却因为"不仁"而不被大夫智果认可。那么，也许你会说：宋襄公不是因仁而兵败终致贻笑天下吗？其实，《公羊传》是高度赞扬宋襄公的，《史记》也为之鸣不平，因为中国在此战之前，为战以礼，讲究规则，此战之后，便兵以诈立，没有了规则，目的性和功利心甚嚣尘上。可以说泓之战是中国人道德水准的一道分水岭，它标志着“为战从礼”的战争准则的颠覆，标志着国人人格和道德的转型。其实，那被我们嘲笑了几千年的宋襄公式的“愚蠢”，恰恰是我们这个民族在走向现代化的路途中不可或缺的极为宝贵的精神资源。当我们嘲笑他的时候，的确能显示出我们的聪明，但又何尝不能映衬出我们的可悲呢？试想，要是人人都具有这样的“仁心”，这个社会还会有什么不和谐呢？

立国以德

武侯浮西河而下①，中流顾谓吴起曰："美哉山河之固，此魏国之宝也！"对曰："在德不在险。昔三苗氏②，左洞庭，右彭蠡③，德义不修，禹灭之；夏桀之居，左河济④，右泰华⑤，伊阙在其南⑥，羊肠在其北⑦，修政不仁，汤放之；商纣之国，左孟门⑧，右太行，常山在其北，大河经其南，修政不德，武王杀之。由此观之，在德不在险。若君不修德，舟中之人皆敌国也。"武侯曰："善。"

（周纪一）

【注释】

①西河：古时称南北流向的黄河部分为西河。这里指黄河。

②三苗氏：传说时期南方氏族部落集团。

③彭蠡：彭蠡湖。

④河济：黄河、济水。

⑤泰华：华山。

⑥伊阙：洛阳龙门山。

⑦羊肠：羊肠坂，太行陉的最险要路段。

⑧孟门：古地名，在今山西省吕梁市柳林县。

【译文】

魏武侯沿黄河漂流而下，行至中游回头对吴起说："多美呀，这稳固的山河，这是我魏国立国的法宝呀。"吴起回答说："立国的法宝在于德政而不在于地形的险要。历史上三苗氏，左面有洞庭湖，右面有彭蠡湖，由于不整治德政和道义，结果它被禹所灭。夏朝君王桀的居住之地，左边是黄河、济水，右边是华山，伊阙山在其南面，羊肠坂在其北面，但因朝政不仁，结果被商汤王驱逐了。商朝纣王的都城，左边是孟门，右边是太行山，常山在其北面，黄河经过其南面，因他不施德政，结果被周武王杀了。由此可见，立国的法宝在于德政而不在于地势险要。如果君主您不修德政，恐怕就是这条船上的人，也要成为您的敌人呀。"魏武侯听罢说道："说得好。"

扩展阅读

为君有道

太宗谓侍臣曰："为君之道，必须先存百姓。若损百姓以奉其身，犹割股以啖腹[①]，腹饱而身毙。若安天下，必须先正其身，未有身正而影曲，上治而下乱者。朕每思伤其身者不在外物，皆由嗜欲以成其祸。若耽嗜滋味[②]，玩悦声色，所欲既多，所损亦大，既妨政事，又扰生人。且复出一非理之言，万姓为之解体，怨讟既作[③]，离叛亦兴。朕每思此，不敢纵逸。"

（《贞观政要·君道》[④]）

【注释】

①股：大腿。

②耽嗜：深切爱好。

③怨讟（dú）：亦作"怨黩"。怨恨诽谤。

④《贞观政要》：唐代史学家吴兢所撰的一部政论性的史书。

【译文】

唐太宗对左右的近臣说："当国君的法则，必须以百姓的生存为先。如果损害百姓的利益来奉养自己，那就像割自己大腿上的肉来填饱自己的肚子，肚子饱了，人却要死了。如果想要天下安定，君主必须先端正自身行为。从没有身子端正而影子弯曲、上面治理得好而下面发生动乱的现象。我常常想到，伤害自己的往往不是身外之物，都是自身的贪婪欲求最终导致了祸患。如果一味沉迷于口腹之欲，声色犬马，自身的欲望越多，受到的损害也就越大。不仅妨碍了国家政事，而且搅扰了百姓生活。要是再说出一些不合道理的话，更会导致民心涣散，怨言四起，最终也就会众叛亲离。我每想到这些，就不敢有一点的骄纵懈怠了。"

点 评

两千多年前，孟子就曾发出了这样振聋发聩的声音："固国不以山溪之险，威天下不以兵革之利。得道者多助，失道者寡助。"旨在告诫那些身在高位之人：道，重于一切；德，立身之根。而这也正是治国"在德不在险"思想的延伸。也正是意识到了这些，所以唐太宗强调作为统治者要"先存百姓"而又"正其身"，也就是说既要"爱人"，又要做天下的道德榜样，就像荀子所说的："君者，仪也，仪正而景正。君者，盘也，盘圆而水圆。君者，盂也，盂方而水方。"只有这样，才能让一个国家在前进的道路上走得平稳。这些在今天仍然有着它鲜明的现实意义。比如在一个团队里，作为领导，能"正其身"者无疑会获得下属的尊重和信任，否则，就不能使员工信服，就会失去人心。仅此还不够，还应注意"先存百姓"，尊重员工利益，这样才能使得整个团队劲往一处使，心往一处想。

贤不自贤

子思言于卫侯曰："君之国事将日非矣！"公曰："何故？"对曰："有由然焉。君出言自以为是，而卿大夫莫敢矫其非[①]；卿大夫出言亦自以为是，而士庶人莫敢矫其非。君臣既自贤矣[②]，而群下同声贤之，贤之则顺而有福，矫之则逆而有祸，如此则善安从生！《诗》曰：'具曰予圣，谁知乌之雌雄[③]？抑亦似君之君臣乎？"

（周纪一）

【注释】

①矫：纠正。

②自贤：自以为贤。

③具曰予圣，谁知乌之雌雄：出自《诗经·小雅·正月》，都说自己是圣贤，乌鸦雌雄谁能辨？比喻不分是非善恶。具，通"俱"。

【译文】

子思对卫侯说："你的国家将要一天不如一天了。"卫侯问："为什么？"子思回答说："事出有因。国君您说话自以为是，可是卿大夫等官员没有人敢纠正您的错误；他们说话也自以为是，士人百姓也不敢纠正他们的过错。君臣都自以为贤能，而下属又同声称贤，称赞贤能则和顺而有福，指出错误则忤逆而致祸，这样，怎么会有好的结果呢！《诗经》中说：‘都称道自己是圣贤，乌鸦雌雄谁能辨？’这不也正像你们这些君臣吗？”

扩展阅读

表里当一

灵公好妇人而丈夫饰者[①]，国人尽服之[②]。公使吏禁之，曰：“女子而男子饰者，裂其衣，断其带。”裂衣断带相望而不止。晏子见，公问曰：“寡人使吏禁女子而男子饰者，裂断其衣带，相望而不止者，何也？”晏子对曰：“君使服之于内，而禁之于外，犹悬牛首于门，而卖马肉于内也。公何以不使内勿服，则外莫敢为也。”公曰：“善。”使内勿服，不逾月[③]，而国人莫之服。

（《晏子春秋·内篇》[④]）

【注释】

①灵公：春秋时齐国国君。　好（hào）：喜好。　丈夫饰：穿男人服装。

②服：穿。

③逾：超过。

④《晏子春秋》：是记述春秋末期齐国著名政治家晏婴言行的一部著作。

【译文】

齐灵公喜欢妇女穿扮男人服饰，于是国中女子全都效仿也穿男人服装。齐灵公便派官吏禁止她们，说：“穿扮男人服饰的女子，撕破她的衣服，扯断她的衣带。”虽然人们都看见有人被撕破衣服，扯断衣带，但还是不能禁止。晏子进见时，齐灵公问道：“我派出官吏禁止女子穿扮男人服饰，撕破她们的衣服，扯断她们的衣带，都亲眼看见还是止不住。这是为什么啊？”晏子回答说："大王您让宫中妇女穿扮男人服饰，却禁止宫外人穿，就好比门外挂的是牛头，而门内卖的是马肉，您为什么不让宫内女人不穿扮男人服饰，那么外面也就没有人敢了。"齐灵公说："好啊。"于是便让宫内妇女不再穿扮男人服饰，没过一个月，全国就没有女人穿扮男人服饰了。

点 评

旧中国官场几千年的通病——做领导的多自以为是，耳边尽是阿谀之声，做领导的乐于被赞，做下属的献媚求荣，上过下不敢矫，矫则失福。这样，还往往形成上行下效之风，所以"君出言自以为是"则"卿大夫出言亦自以为是""灵公好妇人而丈夫饰者，国人尽服之"。这样一来，时长日久当然就会"国事将日非矣"。因而，这就需要领导要"广开圣听"，多方纳言，就像卫灵公能听取晏婴的规劝，从而营造出一个民主祥和的环境。这样又何愁国家不进步、社会不发展呢？

为政重实

齐威王召即墨大夫[①]，语之曰："自子之居即墨也，毁言日至[②]。然吾使人视即墨，田野辟[③]，人民给，官无事，东方以宁。是子不事吾左右以求助也。"封之万家。召阿大夫，语之曰："自子守阿，誉言日至。吾使人视阿，田野不辟，人民贫馁[④]。昔日赵攻鄄[⑤]，子不救；卫取薛陵，子不知。是子厚币事吾左右以求誉也。"是日，烹阿大夫及左右尝誉者。于是群臣耸惧[⑥]，莫敢饰诈，务尽其情，齐国大治，强于天下。

（周纪一）

【注释】

①齐威王：著名的齐桓公田午之子。　即墨：地名，在山东半岛西南部。

②毁言：诋毁的言论。　日：每日。

③辟：开辟。

④馁：饥饿。

⑤鄄：和下文的薛陵均属齐国属地。

⑥耸惧：极其恐惧。　耸，通"悚"。

【译文】

齐威王召见即墨大夫，对他说："自从你到即墨任官，每天都有指责你的话传来。然而我派人去即墨察看，却发现田土得以开辟、整治，百姓丰衣足食，官府无事，东方因而十分安定。于是我知道这是你不巴结我的左右内臣谋求内援的缘故。"便让即墨大夫享用一万户的俸禄。齐威王又召见阿地大夫，对他说："自从你到阿地镇守，每天都有称赞你的好话传来。但我派人前去察看阿地，只见田地荒芜，百姓贫困饥饿。当初赵国攻打鄄地，你不救援；卫国夺取薛陵，你不知道。于是我知道你是用重金来买通我的左右近臣以求替你说好话！"当天，齐威王下令烹死阿地大夫及曾经替他说好话的左右近臣。于是臣僚们毛骨悚然，不敢再弄虚假，都尽力做实事，齐国因此大治，成为天下最强盛的国家。

扩展阅读

三人成虎

庞恭与太子质于邯郸[①]，谓魏王曰："今一人言市有虎，王信之乎？"曰："不信。""二人言市有虎，王信之乎？"王曰："不信。""三人言市有虎，王信之乎？"王曰："寡人信之。"庞恭曰："夫市之无虎也明矣，然而三人言而成虎。今邯郸之去魏也远于市，议臣者过于三人，愿王察之也。"庞恭从邯郸反[②]，竟不得见。

（《韩非子·内储说上》[③]）

【注释】

①庞恭：魏国大臣。　　质：抵押，这里指做人质，这是战国时代国与国之间的外交惯例。邯郸：赵国的都城。

②反：同"返"。

③《韩非子》：战国末期韩国法家集大成者韩非的著作。

【译文】

庞恭与魏国太子到邯郸去做人质，临行前对魏王说：“现在有个一人说街市上有老虎，大王相信吗？”魏王说：“我不相信。”庞恭说：“如果有第二个人说街市上有老虎，大王相信吗？”魏王说：“我不相信。”庞恭又说“如果有第三个人说街市上有老虎，大王相信吗？”魏王道：“我当然会相信。”庞恭接着说：“街市上不会有老虎，这很明显，可是经过三个人一说就成了真的有老虎了。现在邯郸离魏国比这里的街市远得多，况且议论我的人又超过了三个。所以恳望大王明察呀。”庞恭从邯郸回来后，最终也没能够进见魏王。

点　评

重复了千遍的谎言，就会逼真得像真理一般。所以，面对传闻，一定要调查研究，只有像齐威王那样重视考察才不会遭受蒙骗。否则就有可能上当，就像上面故事中的魏王仅凭传闻就不再亲近庞恭，被传闻蒙蔽了心窍。

子思言利

初，孟子师子思[①]，尝问牧民之道何先[②]。子思曰："先利之。"孟子曰："君子所以教民者，亦仁义而已矣，何必利！"子思曰："仁义固所以利之也。上不仁则下不得其所[③]，上不义则下乐为诈也。此为不利大矣。故《易》曰：'利者，义之和也。[④]'又曰：'利用安身，以崇德也。'此皆利之大者也。"

（周纪二）

【注释】

①师：拜师。

②牧：管理。

③上：这里指统治者。　下：这里指人民。

④和：应和。

【译文】

起初，孟子拜子思为师，曾经请教治理百姓的方法中什么是第一位的。子思说："先让他们得到利益。"孟子又问道："贤德的人教化百姓只谈仁义就够了，何必要说到利益呢？"子思说："仁义原本就是利益！统治阶级不仁，那么人民就无法安分；统治阶级不义，那么人民也喜欢欺诈。这就是最大的不利呀。所以《易经》中说：'利，就是义的完美体现。'又说：'用利益来安顿人民，来弘扬道德。'这些都是利益中最重要的呀。"

扩展阅读

孟子说义

孟子见梁惠王[①]。王曰："叟！不远千里而来[②]，亦将有以利吾国乎？"

孟子对曰："王，何必曰利？亦有仁义而已矣。王曰：'何以利吾国？'大夫曰：'何以利吾家？'士庶人曰：'何以利吾身？[③]'上下交征利，而国危矣[④]！万乘之国，弑其君者，必千乘之家；千乘之国，弑其君者，必百乘之家。万取千焉，千取百焉，不为不多矣。苟为后义而先利，不夺不餍[⑤]。未有仁而遗其亲者也[⑥]，未有义而后其君者也。王亦曰仁义而已矣，何必曰利？"

（《孟子·梁惠王上》）

【注释】

①梁惠王：也即魏（魏都大梁，故魏也称梁）惠王䓨，魏武侯之子。

②叟：老者。　这里指孟子。

③庶人：老百姓。

④交：互相。　征：求取。

⑤餍：满足。

⑥遗：遗弃。

【译文】

孟子去进见梁惠王。梁惠王说："老先生，您不远千里来到我们魏国，将会给我的国家带来什么利益呢？"

孟子回答说："大王您何必一开口就讲利呢？其实有仁义就行了。如果君王说'怎样有利于我的国家'，大夫说'怎样有利于我的封地'，士人和老百姓说'怎样有利于自身'，这样从上到下都追逐私利，那么国家就危险了。在能出动一万辆兵车的国家，谋杀他们国君的必定是能出动一千辆兵车的大夫之家；在能出动一千辆兵车的国家，谋杀他们国君的，必定是能出动一百辆兵车的大夫之家。大国的大夫能从万辆兵车的国家中获得兵车千辆，中等国家的大夫能从千辆兵车的国家中获得兵车百辆。这些大夫的产业不能算不多了吧。但是，如果轻义而重利，他们不夺取国君的地位和利益是绝对不会满足的。从来没有讲仁的人会遗弃他的双亲，也没有讲义的人会不尊重他的君主。所以，大王您只要讲仁义就够了，又何必谈利呢？”

点评

这里，子思和孟子的话看似相异，其实说穿了都是一个道理：只有仁义的人才知道仁义是最大的利，不仁义的人是不知道的。而孟子对魏惠王直接宣扬仁义，闭口不谈利，是因为谈话的对象并不真正理解义的真谛，他这样做便于直接切入话题，晓之以仁之利与不仁之弊，从而达到推行自己“仁政”这一主张的目的。其实，即便是在今天，这些主张依然有着一定程度的积极意义。比如在一个团队里做管理，如果能对员工多些理解和关心，哪怕是一个鼓励或谅解的眼神，一句安慰或者鼓励的话，不经意间就会温暖员工的心灵，从而，也就有助于他们为团队创造出更大的利益。也许，从这个意义上讲，孟子的这些主张就体现在今天所倡导的人性化管理中。

齐王之死

齐王出亡之卫[①]，卫君辟宫舍之[②]，称臣而共具[③]。齐王不逊，卫人侵之。齐王去奔邹、鲁，有骄色，邹、鲁弗内[④]，遂走莒[⑤]。楚使淖齿将兵救齐[⑥]，因为齐相。淖齿欲与燕分齐地，乃执湣王而数之曰："千乘、博昌之间[⑦]，方数百里，雨血沾衣，王知之乎？"曰："知之。""嬴、博之间[⑧]，地坼及泉[⑨]，王知之乎？"曰："知之。""有人当阙而哭者[⑩]，求之不得，去则闻其声，王知之乎？"曰："知之。"淖齿曰："天雨血沾衣者，天以告也；地坼及泉者，地以告也；有人当阙而哭者，人以告也。天、地、人皆告矣，而王不知诫焉，何得无诛！"遂弑王于鼓里。

（周纪四）

【注释】

①齐王：齐闵王。　亡：逃亡。　之：到。

②舍：居住。

③共：通"供"，供给。

④内：通"纳"，接纳。

⑤莒：诸侯国名，在今山东省莒县一带。

⑥淖齿：战国时楚将。

⑦千乘、博昌：两地名，在今山东省内。

⑧嬴：古邑名。在今山东省莱芜市。

⑨坼：裂开。

⑩阙：宫门。

【译文】

齐闵王出逃到卫国，卫国国君让出宫殿给他居住，并向他称臣还给他提供日常用度。齐王却傲慢不逊，卫国人很是气愤就攻击他。没法子他又出奔到邹国、鲁国，但还一副骄傲的样子；邹、鲁两国都不接纳，他又出奔莒地。这时楚国派淖齿率军前来救援齐王，被任命为齐相。淖齿却想与燕国瓜分齐国，于是抓住齐王数说他的罪过："千乘、博昌之间的方圆几百里，下血雨浸湿衣服，你知道吗？"齐王回答："知道。""嬴、博之间，大地崩塌，泉水上涌，你知道吗？"他回答："知道。""有人堵着宫门哭泣，找却不见人影，离开时又音响可听见，你知道吗？"他回答："知道。"淖齿说："天降血雨打湿人的衣裳，是上天以此警告你；地崩泉涌，是大地以此警告你；人堵着宫门哭，是人以此在警告你。天、地、人都警告了，而你却不知改悔，这怎么能不该杀呢！"于是在鼓里这个地方将齐王处死了。

扩展阅读

晋侯不君

宣子骤谏[①]，公患之[②]，使鉏麑贼之[③]。晨往，寝门辟矣[④]，盛服将朝。尚早，坐而假寐。麑退，叹而言曰："不忘恭敬，民之主也[⑤]。贼民之主，不忠；弃君之命，不信。有一于此，不如死也。"触槐而死。

秋九月，晋侯饮赵盾酒[⑥]，伏甲，将攻之[⑦]。其右提弥明知之[⑧]，趋登曰[⑨]："臣侍君宴，过三爵[⑩]，非礼也。"遂扶以下。公嗾夫獒焉[⑪]，明搏而杀之。盾曰："弃人用犬，虽猛何为！"斗且出。提弥明死之。

初，宣子田于首山[12]，舍于翳桑[13]。见灵辄饿[14]，问其病，曰："不食三日矣。"食之，舍其半。问之，曰："宦三年矣[15]，未知母之存否。今近焉，请以遗之[16]。"使尽之，而为之箪食与肉，寘诸橐以与之[17]。既而与为公介[18]，倒戟以御公徒[19]而免之。问何故，对曰："翳桑之饿人也。"问其名居，不告而退，遂自亡也。

乙丑，赵穿杀灵公于桃园[20]。

（《左传·宣公二年》）

【注释】

①宣子：赵盾。晋国卿大夫。骤：多次。

②公：晋灵公。即下文的晋侯。

③鉏麑（chú nī）：晋国的大力士。贼：刺杀。

④阚：打开,开启。

⑤主：主人，当家人。

⑥饮：使……喝，（赐）给……喝。

⑦甲：甲士，指身着铠甲的武士。

⑧右：车右，由勇士充当，起保卫作用。　提弥明：赵盾的卫士。

⑨趋：快步走。

⑩爵：酒器。

⑪嗾：用口发出声去驱使（犬咬人）。

⑫田：通"畋"，打猎。　首山：首阳山，在今山西省永济县南。

⑬翳桑：桑树树荫。

⑭灵辄：晋人名。　饿：因饥饿而倒在地。

⑮宦：当贵族的仆役。

⑯遗：送给。

⑰寘（zhì）：同"置"，放。　橐（tuó）：口袋。

⑱介：卫士。

⑲徒：指晋灵公手下的人。

⑳赵穿：赵盾的同族，晋襄公的女婿。　桃园：晋灵公的园圃。

【译文】

赵盾多次进谏。晋灵公因此很厌恶他，就派鉏麑暗杀他。鉏麑清早赶去，看到卧室的门已打开了。赵盾已穿戴整齐准备上朝，由于时间还早，端坐在那里打瞌睡。鉏麑退出来，感叹地说：“不忘记恭敬，真是百姓的好领导啊。杀害百姓的好领导，就是不忠；不履行国君的使命，就是不守信用。在这两者之间只要有一种，都不如死了。”于是便撞死在槐树上。

这年九月，晋灵公赐给赵盾酒喝，预先埋伏好武士准备杀死赵盾。赵盾的车右提弥明知道了，就快步走上堂去，说：“臣子侍奉国君饮酒，超过了三杯，就不合乎礼仪了。”接着就扶赵盾退出。晋灵公就唤出那条猛犬向赵盾扑去。提弥明搏击猛犬，把它打死了。赵盾说：“不用人而使唤狗，即使凶猛，又怎么样呢？”他们边斗边退出宫门。提弥明为赵盾殉难而死。

曾经，赵盾在首阳山打猎，在桑树荫下休息，看到灵辄饿倒在地，问他得了什么病，灵辄回答说：“已经多日没有吃东西了。”赵盾给他东西吃。灵辄留下一半食物不吃。问他原因，答道：“我在外当奴仆已经多年了，不知道母亲还在不在。现在离家近了，请让我把这些东西留给她。”赵盾要他吃光，并给他预备一筐饭和肉，放在袋子里送给他。不久灵辄做了晋灵公的甲士，这次却把戟掉过头来抵御灵公手下的人，使赵盾得免于难。赵盾问他为什么这样做，他回答说：“我就是您在桑树荫下救的饿汉呀。”问名字和住处，他没有告诉就走了。接着赵盾也逃亡了。

九月二十六日，赵穿在桃园杀死了晋灵公。

点 评

正如世上没有两枚相同的树叶，世上也没有两个相同的人，但是，却有一些人的命运很相同，比如这里的齐闵王和晋灵公本不是同一个国家的国君，但结局都是为国人所不容，并都被杀害。这样看似偶然的命运中，其实蕴藏着必然，因为其二人都是为君失道，不能够听取劝告，就像齐闵王“天、地、人皆告矣”，却“不知诫”；晋灵公面对劝诫不仅“不知诫”，反而对进谏者进行疯狂的打击，也正是这样，为他们最终被残杀的结局埋下了伏笔，这不是自掘坟墓吗？不过这也正从反面启示后人：一定要善待善意的劝谏乃至指责，这正像一面镜子，可以映照出自己的得失，从而改正自己的错误，弥补自己的不足，这样才能使自己能够得以更好的发展，否则，一意孤行，终将会像齐闵王和晋灵公一样走上不归路，到那时再后悔也毫无意义可言了。

子顺为政

子顺改嬖宠之官以事贤才[①]，夺无任之禄以赐有功[②]。诸丧职秩者咸不悦[③]，乃造谤言。文咨以告子顺。子顺曰："民之不可与虑始久矣！古之善为政者，其初不能无谤。子产相郑[④]，三年而后谤止；吾先君之相鲁[⑤]，三月而后谤止。今吾为政日新，虽不能及贤，庸知谤乎[⑥]！"文咨曰："未识先君之谤何也？"子顺曰："先君相鲁，人诵之曰：'麛裘而芾[⑦]，投之无戾[⑧]；芾而麛裘，投之无邮[⑨]。'及三月，政化既成，民又诵曰：'裘衣章甫[⑩]，实获我所；章甫裘衣，惠我无私。'"文咨喜曰："乃今知先生不异乎圣贤矣。"

（周纪五）

【注释】

①子顺：孔子六世孙孔斌，字子顺。　嬖宠：指受君主宠爱的人。

②无任：指不任事。

③咸：都。

④子产：郑国贵族。

⑤先君：这里指孔子。

⑥庸：岂，怎么。

⑦麛：鹿。　芾：通"韨"，系印玺的丝带，借指权贵。

⑧戾：罪过。

⑨邮：通“尤”，过失。

⑩章甫：古代一种礼帽。

【译文】

孔斌撤换了一批靠关系受宠的官员，代之以贤良人才；剥夺一些不胜任的官员的俸禄，转赐给有功之臣。那些失去职位的人都不高兴，于是制造出谣言。文咨把这些话告诉了孔斌。孔斌说：“从来不能与老百姓共商创业大事！古代善于治理政事的人，起初都免不了被诽谤。子产在郑国做相时，三年以后流言蜚语才停止。我的祖先孔子在鲁国做相，是三个月以后诽谤才终止的。现在我每日改革政事，虽然赶不上前代圣贤，可又岂能在乎诽谤之言！”文咨问：“不知道当年对尊祖上有什么诽谤？”孔斌说：“先祖在鲁国任相，有人唱道：‘穿鹿皮袍的权贵，抓起他来没有罪；权贵穿着鹿皮袍，抓起他来没过错。’等到三个月以后，风气教化逐渐形成，百姓们又唱道：‘穿皮衣，戴礼帽，我们的心事他想到；戴礼帽，穿皮衣，一心为民不为己。’”文咨高兴地赞叹说：“我今天才知道先生您与古圣贤相比也不差。”

扩展阅读

厉王弭谤

厉王虐[①]，国人谤王，召公告曰[②]：“民不堪命矣！”王怒，得卫巫[③]，使监谤者，以告，则杀之。国人莫敢言，道路以目[④]。王喜，告邵公曰：“吾能弭谤矣[⑤]，乃不敢言。”邵公曰：“是障之也，防民之口，甚于防川。川壅而溃[⑥]，伤人必多，民亦如之。是故为川者决之使导，为民者宣之使言。故天子听政，使公卿至于列士献诗[⑦]，瞽献曲[⑧]，史献书，师箴[⑨]，瞍赋[⑩]，矇诵[⑪]，百工谏，庶人传语，近臣尽规，亲戚补察，瞽、史教诲，耆、艾修之[⑫]，而后王斟酌焉，是以事行而不悖。民之有口，犹土之有山川也，财用于是乎出；犹其有原隰衍沃也[13]，衣食于是乎生、口之宣言也，善败于是乎兴，行善而备败，其所以阜财用、衣食者也。夫民虑之于心，而宣之于口，成而行之，胡可壅也？若壅其口，其与能几何？”王不听，于是国莫敢出言。三年，乃流王于彘[14]。

（《国语·周语》[15]）

【注释】

①厉王：即周厉王，西周第十位国王。

②邵公：即邵穆公虎，是周朝的卿士。

③卫：卫国。

④道路以目：在路上遇到不敢交谈，只是以目示意。

⑤弭：消除。

⑥壅：堵塞。

⑦列士：这里指一般官吏。

⑧瞽：盲人。古代以目盲者为乐官，故为乐官的代称。

⑨师：太师。

⑩瞍：无眼珠的盲人。

⑪矇：睁眼瞎。

⑫耆艾：老年人。

⑬原隰（xí）衍沃也：不同的土地类型。 隰，低洼潮湿。 衍：地势低而平。 沃，有河流可资灌溉。

⑭彘（zhì）：地名,故址在今山西霍县东北。

⑮《国语》：中国最早的一部国别史著作。

【译文】

周厉王很残暴，百姓都议论纷纷地指责他。邵公告诉他说：“百姓难以忍受大王的政令了。”周厉王一听很生气，就找了些卫国的巫人，派他们去监督那些公开指责的人。如果告诉他有人指责他，就下令杀了那些人。百姓都不敢再说话了，哪怕是在道路上相遇，只能用眼睛互相看看。周厉王很高兴，告诉邵公说：“我能制止别人的指责，大家都不敢说了！”邵公说：“这只是一种堵塞。堵住百姓的口比防止河水更厉害。河水堵塞而冲破河堤，受到伤害的人一定很多；百姓也是如此。所以治理河道的人要疏通它，让它畅通，治理百姓的人要开导他们，让他们说话。所以君王处理政事，让三公九卿以至各级官吏进献讽喻诗，乐师进献民间乐曲，史官进献有借鉴意义的史籍，乐师诵读箴言，无眸子的盲人吟咏诗篇，有眸子的盲人诵读讽谏之言，掌管营建事务的百工纷纷进谏，平民则将自己的意见转达给君王，近侍之臣尽规劝之责，君王的同宗都能补其过失，察其是非，乐师和史官以歌曲、史籍加以谆谆教导，元老们再进一步修饰整理，然后由君王斟酌取舍，付之实施，这样，国家的政事得以实行而不违背常理。老百姓有口，就像大地有高山河流一样，社会的物资财富全靠它出产；又像高原和低地都有平坦肥沃的良田一样，人类的衣食物品全靠它产生。人们用嘴巴发表议论，政事的成败得失就能表露出来。人们以为好的就尽力实行，以为失误的就设法预防，这是增加衣食财富的途径啊。人们心中所想的通过嘴巴表达，他们考虑成熟以后，就自然流露出来，怎么可以堵呢？如果硬是堵住老百姓的嘴，那赞许的人还能有几个呢？”周厉王不听从。于是百姓都不敢说出自己的想法。三年之后便将国王放逐到彘那个地方去了。

点 评

有道是“谁人背后无人说”，是的，对于流言，往往每个人都是会遇到的，但是，对此切不可一味地靠非常手段来摆脱，就像周厉王那样，尽管他贵为天子，不也因此得奇祸？正确的应该学习子顺那样做，只要是符合道理的，只管按照自己的意愿去做，诚如王安石说：“人言不足恤。”那么，最终，所有的流言都会不攻自破。而且，从某种意义上来说，如果采用正确的态度对待流言，还会有利于自己更多地反思自我——让人有则改之无则加勉，办事更加谨慎，从而不仅有助于把事情做得更好，而且有利于自己的修身养德。

约法三章

沛公悉召诸县父老、豪杰，谓曰："父老苦秦苛法久矣！吾与诸侯约，先入关者王之[①]，吾当王关中。与父老约法三章耳：杀人者死，伤人及盗抵罪。余悉除去秦法，诸吏民皆案堵如故[②]。凡吾所以来，为父老除害，非有所侵暴，无恐。且吾所以还军霸上，待诸侯至而定约束耳。"乃使人与秦吏行县、乡、邑，告谕之。秦民大喜，争持牛、羊、酒食献飨军士[③]。沛公又让不受[④]，曰："仓粟多，非乏，不欲费民。"民又益喜，唯恐沛公不为秦王。

（汉纪一）

【注释】

①王(wàng):称王。

②案堵:安定有序。案,通"安"。

③飨:用酒食招待客人,泛指请人受用。

④让:辞让。

【译文】

沛公刘邦将各县的父老和有声望的人全都召集起来,对他们说:"父老们遭受秦朝严刑苛法的苦累已经很久了!我与各路诸侯约定,先入关中的人为王。据此我就应该在关中称王了。如今和父老们约法三章:杀人者处死,伤人者和抢劫者抵罪。除此之外,秦朝的法律统统废除,众官吏和百姓都照旧安定不动。我之所以到这里来,是为了替父老们除害,而不是来欺凌你们的,请别害怕!况且我之所以领兵回驻霸上,不过是为了等各路诸侯到来后订立一个约束大家行为的规章罢了。"随即派人和秦朝的官吏一起巡行各县、乡、城镇,向人们讲明道理。秦地的百姓都很高兴,争相拿着牛、羊、酒食来慰问款待刘邦的官兵。刘邦又辞让不肯接受,说道:"仓库中的粮食还很多,并不缺乏,不想让百姓们破费。"百姓们于是更加高兴了,唯恐刘邦不在秦地称王。

扩展阅读

沐猴而冠

项羽引兵西[①],屠咸阳,杀秦降王子婴,烧秦宫室,火三月不灭。收其货宝、妇女而东。秦民大失望。韩生说项羽曰[②]:"关中阻山带河,四塞之地,地肥饶,可都以霸[③]。"项羽见秦宫室皆已烧残破,又心思东归,曰:"富贵不归故乡,如衣绣夜行[④],谁知之者!"韩生退曰:"人言楚人沐猴而冠耳[⑤],果然!"项羽闻之,烹韩生。

(汉纪一)

【注释】

①西：向西。

②韩生：项羽谋臣。

③霸：称霸。

④衣（yì）：穿衣。

⑤沐猴而冠：猴子穿衣戴帽，究竟不是真人。比喻虚有其表，形同傀儡。 沐猴，猕猴。 冠，戴帽子。

【译文】

项羽领兵西进，洗劫屠戮了咸阳城，杀了已投降的秦王子婴，放火焚烧秦朝宫室，大火燃烧三个月不熄灭。还搜取秦朝的金银财宝和妇女向东而去。秦地的百姓大失所望。韩生劝说项羽道："关中依恃山川河流为屏障，是四面都有险要可守的地方，土地肥沃，可以在此建都称霸。"项羽看到秦王朝的宫室都已烧得残破不堪，又惦记着返回东方的家乡，便说："富贵了而不归故乡，就如同身穿绵绣华服在夜间行走，有谁知道啊！"韩生退下去后说道："人家说楚人像是猕猴戴上人的帽子，果然如此！"项羽听到这话后，便将韩生煮死。

点 评

古语云："得人心者得天下。"那么，反之，失人心者则失天下。因为一个人要是没有群众基础就像没有了水的舟船，自然就会搁浅。比如刘邦进关中而秋毫无犯，且能为老百姓着想，自然，老百姓也就"唯恐沛公不为秦王"。而项羽则是"屠咸阳"，杀功臣，"收其货宝、妇女而东"而让"秦民大失望"，想想看，这样的统治者谁又会喜欢？

雍齿封侯

上已封大功臣二十余人[①]，其余日夜争功不决，未得行封。上在洛阳南宫，从复道望见诸将，往往相与坐沙中语。上曰：“此何语？”留侯曰[②]：“陛下不知乎？此谋反耳！”上曰：“天下属安定，何故反乎？”留侯曰：“陛下起布衣，以此属取天下。今陛下为天子，而所封皆故人所亲爱，所诛皆生平所仇怨。今军吏计功，以天下不足遍封；此属畏陛下不能尽封，恐又见疑平生过失及诛，故即相聚谋反耳。”上乃忧曰：“为之奈何？”留侯曰：“上平生所憎、群臣所共知，谁最甚者？”上曰：“雍齿与我有故怨[③]，数尝窘辱我；我欲杀之，为其功多，故不忍。”留侯曰：“今急先封雍齿，则群臣人人自坚矣。”于是上乃置酒，封雍齿为什方侯；而急趋丞相、御史定功行封[④]。群臣罢酒，皆喜，曰：“雍齿尚为侯，我属无患矣！”

（汉纪三）

【注释】

①上：汉高祖刘邦。

②留侯：张良以功封留侯。

③雍齿：西汉初年武将。

④趋：通"促"，催促。

【译文】

皇上已经封赏大功臣二十多人，其余的人日夜争功，一时不能决定高下，未能进行封赏。皇上在洛阳南宫，从桥上望见一些将领常常坐在沙地上议论。皇上说："这些人在说什么？"张良说："陛下不知道吗？这是在商议反叛呀。"皇上说："天下刚安定，为什么还要谋反呢？"张良说："陛下以平民身份起事，靠着这些人取得了天下，现在您做了天子，而所封赏的都是陛下所亲近的人，所诛杀的都是一生中仇恨的人。如今军官们计算功劳，认为天下的土地不够一一封赏，这些人怕陛下不能全部封到，恐怕又被怀疑到平生的过失而遭受诛杀，所以就聚在一起图谋造反了。”皇上于是忧心地说：“这件事该怎么办呢？”张良说：“皇上平生憎恨，又是群臣都知道的，谁最突出？”皇上说：“雍齿与我有宿怨，曾多次使我受窘受辱。我原想杀掉他，因为他的功劳多，所以不忍心。”张良说：“现在就赶紧先封赏雍齿，那么众人对自己能受封就坚信不疑了。”于是皇上便摆设酒宴，封雍齿为什方侯，并紧迫地催促丞相、御史评定功劳进行封赏。群臣吃过酒后，都高兴地说：“雍齿尚且被封为侯，我们这些人就不担忧了。”

扩展阅读

襄子善赏

赵襄子见围于晋阳[1]，罢围，赏有功之臣五人，高赫无功而受上赏，五人皆怒。张孟谈谓襄子曰：“晋阳之中，赫无大功，今与之上赏，何也？”襄子曰：“吾在拘厄之中，不失臣主之礼，唯赫也。子虽有功，皆骄寡人，与赫上赏，不亦可乎？”仲尼闻之曰：“赵襄子可谓善赏士乎！赏一人而天下之人臣，莫敢失君臣之礼矣。”

（《说苑·复恩》[2]）

【注释】

①见：被。

②《说苑》：西汉刘向所撰，阐明儒家政治思想及伦理观念的著作。

【译文】

赵襄子曾被围困在晋阳，解围之后，奖赏了五个有功的臣下。高赫没有功劳却受到了最高赏赐，那五个人都很不满。张孟谈对赵襄子说：“晋阳一战中，高赫没有什么大的功劳，现在却给他最高赏赐，这是为什么呢？”赵襄子说：“在我被困于险境中的时候，没有失去君臣礼节的，就只有高赫了。你们虽然在解围方面有功，但在我面前骄纵轻慢。给高赫以最高赏赐，不也是应该的吗？”孔子听说了这事就说：“赵襄子可以称得上善于封赏贤士呀，赏赐一人而天下之臣没有再敢失去君臣之礼的。”

点评

不善封者封出矛盾，善于封赏者则封出和谐，封出团结。比如刘邦这样的做法就体现了他的胸襟。从中不难看出他分封成功的原因——领导者应该豁达大度，同时要抓住问题的核心。而赵襄子封赏的高明之处则在于那样的做法可以培养更多的不自以为是的忠臣。所以，奖罚务必公正严谨，并且要学会运用鼓励的手段勉励先进。

将军有道

广与程不识俱以边太守将兵①，有名当时。广行无部伍、行陈②，就善水草舍止③，人人自便，不击刁斗以自卫④，莫府省约文书⑤；然亦远斥候⑥，未尝遇害。程不识正部曲⑦、行伍、营陈，击刁斗，士吏治军簿至明⑧，军不得休息；然亦未尝遇害。不识曰：“李广军极简易，然虏卒犯之⑨，无以禁也。而其士卒亦佚乐⑩，咸乐为之死。我军虽烦扰，然虏亦不得犯我。”然匈奴畏李广之略，士卒亦多乐从李广而苦程不识⑪。

（汉纪九）

【注释】

①广：汉代著名将军李广。　不识：即程不识，汉武帝时的大将。

②部伍：部曲行伍。　陈：通“阵”。

③舍止：停驻。

④刁斗：古代军中夜里用以巡更的器具。

⑤莫府：幕府。　莫，通“幕”。

⑥斥候：旧时军队称侦察（敌情）为斥候。

⑦部曲：在汉代指军队编制的名称。

⑧明：天亮。

⑨卒：通“猝”，突然。

⑩佚乐：悠闲安乐。

⑪苦：苦于。

【译文】

李广和程不识都以边境郡守的身份指挥军队，当时很有名气。李广指挥行军没有固定编制和行列阵势，选择水甜草肥的地方驻扎下来，人人自便，夜间也不派设巡更士兵敲打着刁斗警卫营盘，军中指挥部的文书简约；但是，也远远地派出监视敌军的侦察哨兵，军营未曾遭到袭击。程不识则整肃军事编制，讲究队列和布阵安营，夜间敲刁斗巡逻，军中官佐处理军队文书一直忙到天明，军队不能随意休息；然而也没有遇到危险。程不识说：“李广的军队很简单方便，但是，如果敌人突然袭击它，就没有办法抵御；而李广的士兵也很自在，都心甘情愿地为他拼力死战。我的军队虽然军务烦扰，但敌人也不能侵犯我。”但是，匈奴人更害怕李广的谋略，汉军士兵也多数愿意跟随李广作战，而苦于跟随程不识。

扩展阅读

岳飞治军

师每休舍①，课将士注坡跳壕②，皆重铠以习之③。卒有取民麻一缕以束刍者④，立斩以徇⑤。卒夜宿，民开门愿纳，无敢入者，军号“冻死不拆屋，饿死不掳掠”。卒有疾，亲为调药。诸将远戍，飞妻问劳其家，死事者，哭之而育其孤。有颁犒⑥，均给军吏，秋毫无犯。善以少击众。凡有所举，尽召诸统制⑦，谋定而后战，故所向克捷。猝遇敌不动⑧。故敌为之语曰：“撼山易，撼岳家军难。”张俊尝问用兵之术⑨，飞曰：“仁、信、智、勇、严，阙一不可。”⑩

（《续资治通鉴·宋纪》⑪）

【注释】

①师：军队。这里指岳飞的军队。

②课：督促。

③铠：古代的战衣，可以保护身体。

④束刍：捆草成束。

⑤徇：对众宣示。

⑥颁犒：酒食或财物分赏下属。

⑦统制：官名，这里指手下军官。

⑧动：惊动。

⑨张俊：南宋武将。

⑩阙：通“缺”。

⑪《续资治通鉴》：清代学者毕沅所著的一部起自宋太祖建元元年（960年），迄于元顺帝至正二十八年（1368年）的史学巨著。

【译文】

每当军队休整，岳飞就督促将士爬斜坡、跳壕沟，都让他们穿着很重的铠甲来练习。士兵只要夺取老百姓的一根麻绳绑草料，就立刻斩首示众。士兵夜里宿营，老百姓开门表示愿意接纳，可是也没有敢擅入的。岳家军号称“宁可冻死也不拆老百姓的屋子烧火取暖，宁可饿死也不抢老百姓的粮食充饥。”士兵生病了，岳飞亲自为他调药。将士远征，岳飞的妻子去他们的家中慰问，有战死的，为他流泪痛哭并且抚育他的孤儿。朝廷有赏赐犒劳，都分给手下官兵，一丝一毫也不占有。岳飞善于以少击众。凡是有所行动，就召集手下军官，商议确定然后作战，所以兵锋所向，都能取胜。突然遇到敌军袭击也毫不慌乱。所以敌人评论岳家军说：“动摇山容易，动摇岳家军难。”张俊曾问岳飞用兵的方法，岳飞回答说：“仁义、信用、智慧、勇敢、严厉，缺一不可。”

点　评

有谚曰："各马各扎，各施各法。""各庙各菩萨。""师父一个，不同玩法。"是的，每个人的秉性、智慧、学识不同，自然，哪怕是处理同样的问题也有各种不同的方法。就拿治兵来说吧，同朝为将的程不识与李广便有很大的差异：一个严谨，一个随意；一个繁杂，一个简单。那么，若是两种风格调和一下，无疑则会战绩更佳。南宋的岳飞就注意了这一点，对军队既严厉又爱护，赢得了"撼山易，撼岳家军难"的千古佳话。

上行下效

琰、玠并典选举①，其所举用皆清正之士，虽于时有盛名而行不由本者②，终莫得进。拔敦实，斥华伪，进冲逊③，抑阿党④。由是天下之士莫不以廉节自励，虽贵宠之臣，舆服不敢过度⑤，至乃长吏还者，垢面羸衣⑥，独乘柴车⑦，军吏入府，朝服徒行，吏洁于上，俗移于下。

（汉纪五十七）

【注释】

①琰：崔琰，字季珪，清河东武城（今山东武城东北）人。东汉末年曹操部下。　毛玠：字孝先，陈留平丘（今河南封丘）人，三国时期魏国大臣、政治家。　典：主持，主管。

②行不由本：行为不是发自内心的。这里借指品行不好。

③冲逊：谦虚恭谨。

④阿党：结党营私。

⑤舆服：车辆和服饰。

⑥羸衣：指衣服破烂。　独：只，就，仅仅。

【译文】

崔琰与毛玠一起负责官员的选拔，他们所选举起用的都是清廉正直的人士。即使当时名望很高但品行不佳的人，始终不能获得任用。他们选拔敦厚务实的人才，排斥浮华虚伪的人；进用谦虚谨慎的人，压抑结党营私的小人。因此，天下的士大夫无不以清廉的节操来勉励自己，即使是那些高官宠臣，对于车辆、服饰的形式，也不敢超越制度。以致高级官员回家时，都蓬头垢面、衣服破烂，只是乘坐柴车；文武官员入府办公时，都穿着朝服，徒步而行。身居高位的官员在上面都如此廉洁，民间的风俗自然也随之改变。

扩展阅读

上好下甚

晏子没，十有七年[①]，景公饮诸大夫酒[②]，公射出质[③]，堂上唱善，若出一口。公作色太息，播弓矢[④]。弦章入[⑤]，公曰："章，自吾失晏子，于今十有七年，未尝闻吾过不善，今射出质而唱善者若出一口。"弦章对曰："此诸臣之不肖也，知不足以知君之不善[⑥]，勇不足以犯君之颜色。然而有一焉，臣闻之：'君好之，则臣服之[⑦]；君嗜之，则臣食之。'夫尺蠖食黄[⑧]，则其身黄，食苍则其身苍。君其犹有食谄人言乎？[⑨]"公曰："善！今日之言，章为君[⑩]，我为臣。[⑪]"

（《说苑·君道》）

【注释】

①没：同"殁"。　有：通"又"。

②饮：使动用法，让……饮酒。

③质：箭靶。

④播：舍弃，扔掉。

⑤弦章：春秋齐人，名宾胥无，字弦章，桓公时为大司理（主管狱讼）。

⑥知：同"智"。

⑦服：穿。

⑧尺蠖（huò）：一种昆虫，行走时先屈后伸。传说食黄则黄，食青则青。

⑨谄人：谄邪小人。

⑩君：主。

⑪臣：客。

【译文】

晏子死后十七年，一次景公宴请众位大夫饮酒，景公射箭脱靶，厅堂上都齐声喝采，叫好声好像出自一人之口。景公变了脸色长声叹息，气得扔掉了弓箭。这时弦章走了进来，景公对他说："弦章啊！自我失去了晏子，直至现在十七年来，还未曾听到说我有什么做得不好的话，今天我射箭脱了靶，而叫好声却如出一口。"弦章回答说："这是众位大臣不贤啊。他们的才智不足以发现您的过失，他们的勇气不足以冒犯您的尊严。不过也有这样一种情况，我听说，君主喜欢穿这款式的衣服，臣子也就喜欢穿它；君主嗜好吃这样的食物，臣子也就嗜好吃它。就像那尺蠖吃进黄色的东西，它的身体就是黄色的，吃进青色的食物，它的身体就是青色的。您大概还存在听奉承话的喜好吧？"景公说：说得好。今天我俩谈话，你说得对，我听你的。"

点评

人们常说：上有所好，下必甚焉。实非虚言。这里主管官吏升迁的崔琰和毛玠因为主张清廉，于是"天下之士莫不以廉节自励"，以至于"贵宠之臣"想"舆服"也"不敢"，更重要的是由于他们"吏洁于上"，自然，也就"俗移于下"。反之，如果上面不能像他们那样"斥华伪"，自然，所听就会尽为谄言，就像齐景公射箭"出质"，仍会有"堂上唱善，若出一口"的现象出现，何哉？上者好谄。由此看来，对于某种风气的形成，领导起着很大的作用。

吕范忠诚

初，孙策使范典财计①，时吴王年少，私从有求，范必关白②，不敢专许，当时以此见望③。吴王守阳羡长，有所私用，策或料覆④，功曹周谷辄为傅著簿书⑤，使无谴问，王临时悦之。及后统事，以范忠诚，厚见信任，以谷能欺更簿书，不用也。

（魏纪三）

【注释】

①范：吕范，字子衡，东吴将领。　典：主管。

②关白：陈述、禀告。

③见：被。　望：埋怨，怨恨。

④料覆：清查复核。

⑤傅著：这里指造假。　簿书：记录财物出纳的簿册。

【译文】

最初，孙策让吕范掌管财经，当时吴王孙权年少，孙权私下向吕范借钱索物，吕范定要禀告孙策，不敢独自做主，当时因此被孙权怨恨。后来孙权任阳羡长官，有私下开支，孙策有时进行核计审查，功曹周谷就为孙权造假账，使他不受责问，孙权那时十分满意他。但等到孙权后来统管国事了，认为吕范忠诚，深为信任，而认为周谷善于欺骗伪造簿册文书而不任用。

扩展阅读

高缭见逐

高缭仕于晏子[①]，晏子逐之。左右谏曰："高缭之事夫子三年，曾无以爵位，而逐之，其义可乎？"晏子曰："婴，仄陋之人也[②]，四维之然后能直[③]。今此子事吾三年，未尝弼吾过[④]，是以逐之也。"

（《说苑·臣术》）

【注释】

①高缭：晏子属臣。

②婴：晏婴。　仄陋：浅陋。

③四维：古代以礼、义、廉、耻为治国的纲要，称之四维。这里活用为动词，指用四维来匡正人的行为。

④弼：辅助、辅正。

【译文】

高缭在晏子属下做官，晏子把他辞退了。晏子手下的官员劝谏说："高缭已跟你做了三年的工作，您一直没有给他一个爵位而且还要辞退他，这在道义上讲得过去吗？"晏子说："我是一个见识浅陋的人，要用四维来匡正我的行为，这样我才能行正道。到现在为止，高缭在我身边工作三年，从来没有说过一句纠正我办事失误的话，因此辞退他。"

点评

你也说重用人才，我也说重用人才。究竟对人才该怎样识别，又该怎样对待？对此，每个人肯定会根据实际情况而有不一样的要求，但首先忠诚廉正，这是为人做事最基本的品质。就像吕范一样，他能对吴王认真，自然对任何人也能够负责，所以吴王才“以范忠诚，厚见信任。”若像周谷那样连自己的心都不忠贞，对别人又怎会真心？自然，要“不用”这样的人。当然，还有像高缭这样的，也不是忠贞，因为他“事吾三年，未尝弼吾过”。想想看，这样的人怎么能用呢？廉正才能不贪不占，才能勇于进谏，才能让用人者提升自我，从而发挥出更大的作用。

谦以接士

琅邪王睿至建业[1]。睿以安东司马王导为谋主[2]，推心亲信，每事咨焉。睿名论素轻[3]，吴人不附，居久之，士大夫莫有至者，导患之[4]。会睿出观禊[5]，导使睿乘肩舆[6]，具威仪，导与诸名胜皆骑从[7]，纪瞻、顾荣等见之惊异[8]，相帅拜于道左[9]。导因说睿曰："顾荣、贺循[10]，此土之望，宜引之以结人心；二子既至，则无不来矣。"睿乃使导躬造循、荣[11]，二人皆应命而至。

（晋纪八）

【注释】

①睿：司马睿，字景文，东晋王朝的开国皇帝。　建业：今南京，东晋都城。

②王导：字茂弘，琅琊临沂（今山东临沂）人，东晋重臣。

③名论：这里指声望。

④患：忧虑。

⑤禊（xì）：古代春秋两季在水边举行的清除不祥的祭祀。

⑥肩舆：即轿子。

⑦名胜：有名望的才俊之士。

⑧纪瞻：东晋官吏。　顾荣：西晋末年拥护司马氏政权南渡的江南士族首脑。

⑨相帅：同“相率”，相继。

⑩贺循：字彦先，会稽山阴人，一代名士。

⑪引：邀请。　造：拜访。

【译文】

琅邪王司马睿到达建业。司马睿让安东司马王导作为主要谋士，对他推心置腹，非常信任，每件事都找王导询问。司马睿名望一向很轻，吴地人们都不怎么依附他，在建业居住了很久，士大夫没有来拜访的，王导为此很是忧虑。一次正赶上司马睿出去观看禊祭，王导就让司马睿乘上轿子，安排了威严的仪仗。王导和名士们都骑马侍从，纪瞻、顾荣等人见了后感到很是惊异，便一个跟着一个地在道路左边行拜礼。王导趁势劝说司马睿道：“顾荣、贺循都是这个地区最具名望的人了，应当结交他们来收服人心；要是他们两人来了，就没有不来的人了。”于是司马睿就派王导亲自拜访贺循、顾荣，两个人都接受邀请来到了司马睿处。

扩展阅读

谦以下士

孔子闲居，喟然而叹曰："铜鞮伯华而无死[1]，天下其有定矣！[2]"子路曰："愿闻其为人也何若[3]？"孔子曰："其幼也，敏而好学；其壮也，有勇而不屈；其老也，有道而能以下人[4]。"子路曰："其幼也，敏而好学则可；其壮也，有勇而不屈则可；夫有道又谁下哉？"孔子曰："由不知也[5]！吾闻之：以众攻寡，而无不消也[6]；以贵下贱，无不得也。昔者周公旦制天下之政[7]，而下士七十人，岂无道哉？欲得士之故也。夫有道而能下于天下之士，君子乎哉！"

（《说苑·尊贤》）

【注释】

①铜鞮（dī）伯华：春秋时晋国大夫羊舌赤，铜鞮是他的封地，伯华是他的字。　而：如果。

②其：大概，表揣度的语气副词。

③何若：何如，怎么样。

④下：对……谦下，意动用法。下面几句的"下"字均同其意。

⑤由：子路，字子由。

⑥消：灭掉，除去。

⑦周公旦：姓姬，名旦，周武王的弟弟，成王年幼，他摄政。　制：掌握。

【译文】

孔子闲居时，有一天突发感叹道："如果铜鞮伯华不死，天下大概就会安定了。"子路说："我希望知道他是什么样的人。"孔子说："他小时候聪敏好学，壮年时有勇气有骨气，老的时候明白事理而且谦恭待人。"子路说："小时候聪敏好学也就罢了，壮年时候有勇不屈也就算了；可得道后怎么还亲近不如自己的人呢？”孔子说：“这你就不知道了。我听说，以多数人攻打少数人没有不胜利的；以尊贵的身份去亲近不如自己的人，没有不得到他们尊重的。曾经周公旦执政天下的时候礼贤下士七十来人，难道能说他不是明白事理的人吗？这是他希望得到贤士的缘故啊！所以说有道之人且能礼贤下士的才算是真正的君子啊！”

点评

虚心是取得成就的重要因素。但需要明白的是，谦虚并不等于谦卑，也不等于虚伪。在荣誉面前，谦虚是一种美德，为了赢得谦虚的名声而“谦虚”，就是虚伪，为了讨好他人而“谦虚”，就是谦卑。我们不需要谦卑的谦虚，也不需要虚伪的谦虚，只需要真实的谦虚。

君不自诈

有上书请去佞臣者，上问[①]：“佞臣为谁？”对曰：“臣居草泽，不能的知其人[②]，愿陛下与群臣言，或阳怒以试之[③]，彼执理不屈者，直臣也，畏威顺旨者，佞臣也。”上曰：“君，源也；臣，流也；浊其源而求其流之清，不可得矣。君自为诈，何以责臣下之直乎！朕方以至诚治天下，见前世帝王好以权谲小数接其臣下者[④]，常窃耻之。卿策虽善，朕不取也。”

（唐纪八）

【注释】

①上：皇上，指唐太宗。

②的（dí）：确实，实在。

③阳：通“佯”，假装。

④权谲：权谋、诡诈。　小数：谋略，计谋。

【译文】

有人上书请求除去奸佞之人，太宗问：“谁是奸佞之人？”那人回答道：“我身居草野，不能确知谁是奸佞之人，希望陛下对群臣明言，或者假装恼怒加以试探，那些坚持己见、不屈服于压力的，便是耿直的忠臣；畏惧皇威、顺从旨意的，便是奸佞之人。”太宗说：“君主，就像水的源头；群臣，就像水的支流。浑浊了源头而去希冀支流清澈，是不可能的事。君主自己作假使诈，又如何能要求臣下耿直呢！我正以致诚之心治理天下，发现前代帝王喜好用权谋小计来对待臣下的，还常常以之为耻呢。所以你的建议虽好，我也能不采用。”

扩展阅读

君治“五事”

上御翠微殿[①]，问侍臣曰：“自古帝王虽平定中夏[②]，不能服戎、狄[③]。朕才不逮古人而成功过之[④]，自不谕其故，诸公各率意以实言之。”群臣皆称：“陛下功德如天地，万物不得而名言[⑤]。”上曰：“不然。朕所以能及此者，止由五事耳。自古帝王多疾胜己者[⑥]，朕见人之善，若己有之。人之行能，不能兼备，朕常弃其所短，取其所长。人主往往进贤则欲置诸怀[⑦]，退不肖则欲推诸壑[⑧]，朕见贤者则敬之，不肖者则怜之，贤不肖各得其所。人主多恶正直，阴诛显戮[⑨]，无代无之[⑩]，朕践祚以来[⑪]，正直之士，比肩于朝，未尝黜责一人。自古皆贵中华，贱夷、狄，朕独爱之如一，故其种落皆依朕如父母[⑫]。此五者，朕所以成今日之功也。”

（《资治通鉴·唐纪十四》）

【注释】

①上：皇上，指唐太宗。　御：驾临。

②中夏：中原地区。

③戎狄：古代少数民族，西称戎，北称狄。这里泛指各少数民族。

④逮：到，及。

⑤名言：描述。

⑥疾：通“嫉”，妒忌。

⑦诸：兼语词，相当于“之于”。

⑧不肖：品行不好。

⑨阴诛显戮：暗中加害或公开打击。

⑩代：朝代。

⑪践祚：登上皇帝位。

⑫种落：种族，部落。

【译文】

唐太宗在翠微殿，问侍臣说：“自古以来的帝王，虽平定了中原，但不能使西北方的少数民族臣服。而我的才能超不过古代帝王，可成绩却比他们大，我真不明白是什么原因。请你们坦率地说说。”群臣都说：“陛下功德像天地一样广大，其他万事万物没有什么可说的了。”唐太宗说：“不能这么讲。我之所以有如此功劳，不过做到五条罢了：自古帝王多忌妒胜过自己的人，我发现了别人优点，就好像自己有的优点一样；每人的行为能力，不能十全十美，我就弃其短取其长。一般的君主往往看到贤才，恨不得把他抱在怀中；看到品行不好的人，往往恨不得把他推到深渊之中。而我见贤才，则尊敬他；见品行不好的人，则爱护他教育他。使贤与不贤的人都各得其所。君主多半不喜别人当面批评，对直言者暗中加害或公开打击，没有哪个朝代不这样的，而我即位以来，正直的人比比皆是，没有一人因此而免职。传统以汉族为贵，歧视少数民族，而我独一视同仁地加以爱护，所以少数民族依靠我，像依靠父母一样。以上五条，就是我能有今天的成就的原因。”

点 评

翻阅华夏的史册，总有一页任谁人也不能绕过，那就是大唐。打开大唐的扉页，就会望见一个不朽的身影从岁月深处走来，他只是那么一挥手，唐朝便奏起了历史的交响，有时似黄钟大吕，响遏行云；有时如金声玉震，震彻宇宙。他，就是唐太宗。他为什么有如此大的神力呢？其实，从两则故事中不难看出。首先，他光明磊落。因为他清楚如果他心怀阴暗、设置陷井，必将使上下无措，人人自危，“浊其源而求其流之清，不可得矣”，唯有正本才能防止浊流泛滥。因此，他凡事从自我做起，以身作则，而且能够见善“若己有之”，从而赢得善者之爱；对人“弃其所短，取其所长”，从而“贤不肖各得其所”，使得整个社会和谐一片，而且不“恶正直，阴诛显戮”，自然赢得“正直之士，比肩于朝”。那么就可以使自己更好地发现错误并改正，让自己更好地做到“苟日新，日日新”，这样以身作则，也就带动了他人的进取心，尤其难能可贵的是他在当时就有这先进的民族政策：“自古皆贵中华，贱夷、狄，朕独爱之如一，故其种落皆依朕如父母”，这样一来，开创出“贞观之治”的盛世自然也就不难理解了。

太宗论难

上问侍臣[①]：“创业与守成孰难？”房玄龄曰：“草昧之初[②]，与群雄并起角力而后臣之，创业难矣！”魏征曰：“自古帝王，莫不得之于艰难，失之于安逸，守成难矣！”上曰：“玄龄与吾共取天下，出百死，得一生，故知创业之难。征与吾共安天下，常恐骄奢生于富贵，祸乱生于所忽，故知守成之难。然创业之难，既已往矣；守成之难，方当与诸公慎之。”玄龄等拜曰：“陛下及此言[③]，四海之福也。”

（唐纪十一）

【注释】

①上：皇上，指唐太宗。

②草昧：创始，草创。

③及此言：说到这个道理。

【译文】

太宗问身边大臣：“创业与守成哪个难？”房玄龄：“建国之前，与各路英雄一起角逐争斗而后使他们臣服，看来还是创业难！”魏征说：“自古以来的帝王，莫不是从艰难中取得天下，又在安逸中失去天下的，所以守成更难！”太宗说：“玄龄与我共同打下江山，出生入死，所以更能体会到创业的艰难。魏征与我共同安定天下，常常担心因富贵而导致骄奢，忘乎所以而产生祸乱，所以懂得守成更难。然而创业的艰难，已成为过去的往事，守成的艰难，正应当与诸位慎重对待。”玄龄等人行礼道：“陛下说的这一番话，真是国家百姓的福气呀！”

扩展阅读

惠帝轶事

帝尝在华林园[①]，闻虾蟆声，谓左右曰：“此鸣者为官乎？私乎？”或对曰[②]：“在官地为官，在私地为私。”及天下荒乱，百姓饿死，帝曰：“何不食肉糜？[③]”

（《晋书·惠帝纪》）

【注释】

①帝：晋惠帝司马衷。

②或：有人。

③肉糜：肉粥。

【译文】

晋惠帝曾经在华林园里游玩，忽然听到虾蟆的叫声，就对身边的人说：“这叫唤的东西是官家的还是私人的？”有人回答说：“在官家的地里就是官家的，在私人的地里就是私人的。”到了天下灾荒的年岁，百姓饿死很多，晋惠帝竟然问：“他们为什么不吃肉粥呢？”

点评

究竟是守成难还是创业难，历代都有人在探讨。而且历史上的一些君王，特别是开国皇帝，既创过业也守过成，自然对“创”与“守”的难和易有过深切的体会，有时候君臣间也曾对此进行过深入坦诚的讨论，其中不乏远见卓识。晋文公就思考过这件事。他慨叹：“始也，吾以治国为易，今也难。”而一代明君李世民则不然，他认为打天下和坐天下都难，但打天下之难“已往矣”，主要矛盾已转化为坐天下之难了。所以提出“守成之难，方当与诸公慎之”，因为他也意识到“莫不得之于艰难，失之于安逸”，“骄奢生于富贵，祸乱生于所忽”。为什么会这样呢？不论什么朝代，在为夺取政权浴血奋战的时候，一般来说是没有多少富贵可言的。而取得政权后，成了统治阶级了，可以发号施令、指点江山了，物质生活和精神享受都处于优越的地位，特别是权力机关和手中掌管一定权力的人，都可能在物欲和赞美面前不能自持，发生蜕变。这种现象在任何社会也都是难免的，因为守成难就难在面对无数诱惑时，很多人经受不住，加上往往也不知道太平的来之不易，也就会迷失了自己，就像上面故事中的晋惠帝一样，会在“天下荒乱”时说老百姓“何不食肉糜”，这样的人又怎守成呢？

君子由来不唯兵

——谋略篇

围魏救赵

威王谋救赵[①]，以孙膑为将，辞以刑余之人不可[②]。乃以田忌为将而孙子为师[③]，居辎车中[④]，坐为计谋。

田忌欲引兵之赵。孙子曰："夫解杂乱纷纠者不控拳[⑤]，救斗者不搏撠[⑥]。批亢捣虚[⑦]，形格势禁[⑧]，则自为解耳。今梁、赵相攻，轻兵锐卒必竭于外，老弱疲于内；子不若引兵疾走魏都，据其街路，冲其方虚[⑨]，彼必释赵以自救。是我一举解赵之围而收弊于魏也。"田忌从之。十月，邯郸降魏。魏师还，与齐战于桂陵[⑩]，魏师大败。

（周纪二）

【注释】

①威王：齐威王。

②刑余之人：受刑致残的人。

③田忌：战国初期齐国名将。

④辎车：古代一种有帷盖的大车。

⑤控拳：指动武。

⑥搏撠（jǐ）：揪住。这里指帮着打。　撠，击，刺。

⑦批亢捣虚：比喻抓住敌人的要害乘虚而入。　批，用手击；亢，通“吭”，咽喉，比喻要害。　捣，攻击。　虚：空虚。

⑧形格势禁：阻止搏斗或平息纠纷要善于乘虚取势，抓住斗者的要害，斗者双方因形势的限制而自然分开。格，阻碍，限制。

⑨方：正好。

⑩桂陵：地名，在今河南长垣西北。

【译文】

齐威王计划出兵援救赵国，便任命孙膑为大将，孙膑以自己是个残疾之人坚决辞谢，齐威王便以田忌为大将、孙膑为军师，让他坐在帘车里出谋划策。

田忌准备带兵前往赵国。孙膑说：“排解两方的斗殴不能用拳脚将他们分开，更不能上手扶持一方帮着打，只能乘虚而入，这样紧张的形势受到阻禁，就自然化解了。现魏国和赵国相斗，精兵锐卒必定倾巢而出，国中只剩老弱病残。那么您不如率军急袭魏国都城，占领交通要道，冲击他们兵力正好空虚的地方，魏军一定会放弃攻打赵国而回兵救援。这样我们一次行动就既解了赵国之围，同时又收到打败魏国的效果。”田忌听从了孙膑的计策。十月，赵国的都城邯郸城投降了魏国。魏军急忙还师援救国内，在桂陵与齐国军队发生激战，魏军大败。

扩展阅读

魏豹反汉

汉初，魏王豹初降汉[①]，复以亲疾请归[②]，至国，即绝其河关[③]，反与楚约和。汉王遣郦生往说豹[④]，不听。汉以韩信为左丞相击豹。盛兵蒲坂[⑤]，塞临晋[⑥]；信乃益为疑兵，陈船欲渡临晋，而引兵从夏阳以木罂渡军[⑦]，袭安邑[⑧]。魏王豹惊，帅兵迎战，信遂虏豹，定魏[⑨]。

（《百战奇法·远战》[⑩]）

【注释】

①魏王豹：即魏豹，战国时魏国贵族子弟。

②归：探望。

③河关：指黄河渡口临晋关，后改名蒲津关，故址在今陕西大荔东的黄河西岸。

④郦生：即郦食其，刘邦的谋士。

⑤蒲坂：邑名。即今山西永济西之黄河东岸的蒲州镇。

⑥临晋：县名。故址在今陕西大荔东。

⑦夏阳：县名。故址在今陕西韩城西南之黄河西岸。　木罂（yīng）：

即以木押缚罂缻作为渡河工具。一说以木为器，如罂缻。

⑧安邑：战国魏都，汉置为县。位于今山西夏县西。魏豹据此反汉。

⑨定：平定。

⑩《百战奇法》：是中国古代分条论述战法的兵书。约成书于北宋末，作者不详。

【译文】

西汉初年，魏豹开始时曾归降了汉朝，不久又以母病为由请求回去探望，一回到封地，他立即切断临晋关的交通反叛了汉朝而与楚国订约讲和。汉王刘邦就派郦食其前去游说魏豹重新归顺朝廷，但他执意不听。刘邦于是任命韩信为左丞相率军攻打魏王豹，而魏豹则在蒲坂驻扎重兵，封锁临晋关。韩信针对此情就增设疑兵，摆开船只，伪装成要从临晋关渡河的样子，暗中却率军从夏阳乘坐木罂渡过黄河，径直袭击安邑。魏王豹惊慌失措，匆忙领兵迎战，韩信挥军奋战一举俘获魏豹，平定了魏地之乱。

点 评

生活在人世间，谁都难免会遇到这样或者那样的决择，就像齐威王这样的一方诸侯也会遇到其他诸侯的求援，他就要决定出战还是不出战，战又该怎样战，才能使自己成为最大的赢家；就像刘邦也会遇到下属的反叛，他必须对此作出正确的决断，这样才能很好地巩固他的地盘。这样的时刻，需要的就绝不仅仅是勇敢，智慧才是更重要的，只有运用智慧才能抓住矛盾的关键，从而“批亢捣虚，形格势禁”，来个围魏救赵，或者是“益为疑兵”来扰乱敌人的视线，从而“伏兵”“渡军”，把对手打个人仰马翻。战争如此，其实处事也一样可以这般，比如面对复杂的事件，就要像孙膑一样找准其要害，避实击虚，从而一举解决问题，让自己的主张得以实现；或者在谈判之际像韩信一样，先迷惑对手，然后来个奇兵突现，这样，想要达到自己的目的也就不会再有很大的困难了。

孙膑救齐

魏庞涓伐韩。韩请救于齐。齐威王召大臣而谋曰:“蚤救孰与晚救[1]?”成侯曰[2]:“不如勿救。”田忌曰:“弗救则韩且折而入于魏,不如蚤救之。”孙膑曰:“夫韩、魏之兵未弊而救之,是吾代韩受魏之兵,顾反听命于韩也。且魏有破国之志,韩见亡,必东面而愬于齐矣[3],吾因深结韩之亲而晚承魏之弊[4],则可受重利而得尊名也[5]。”王曰:“善!”乃阴许韩使而遣之[6]。韩因恃齐,五战不胜,而东委国于齐[7]。

(周纪二)

【注释】

①蚤:通“早”。

②成侯:即齐国大臣邹忌。

③愬:通“诉”。这里是请求、求助的意思。

④承:通“乘”,趁,利用。

⑤重利:双重利益。

⑥阴:暗中。

⑦委:托付。

【译文】

魏国庞涓率军攻打韩国。韩国派人向齐国求救。齐威王召集大臣商议说："是早救还是晚救呢？"成侯邹忌建议："不如不救。"田忌说："不救，韩国就会灭亡被魏国吞并，这样魏国就强大了，对我们也是威胁，所以不如早些救援。"孙膑说："现在韩国、魏国的军队还没疲惫就去救援，等于我们代替韩国承受魏国的打击，反而听命于韩国了。况且这次魏国有吞并韩国的野心，到韩国将灭之际，一定会向东再来恳求齐国，那时我们再出兵，既可以趁机加深与韩国的亲密关系，又可以利用魏国军队的疲弊，就可以一举两得，名利双收。"齐威王说："好。"便暗中答应韩国使臣的求救，让他回去。韩国以为有齐国的支持便奋力抵抗，（但经过）五次大战都大败而归，只好把国家的命运寄托在东方齐国身上。

扩展阅读

卞庄刺虎

卞庄子欲刺虎[①]，馆竖子止之[②]，曰："两虎方且食牛，食甘必争[③]，争则必斗，斗则大者伤，小者死。从伤而刺之[④]，一举必有双虎之名[⑤]。"

卞庄子以为然，立须之[⑥]。

有顷[⑦]，两虎果斗，大者伤，小者死。庄子从伤而刺之，一举果有双虎之功。

（《史记·张仪列传》）

【注释】

①卞庄子：春秋时鲁国的大夫，有勇力。

②馆竖子：指卞庄子门下的客卿或仆人。　竖子，僮仆。

③食甘：吃得有滋有味。

④从：追逐。

⑤名：美名。

⑥须：等待。

⑦有顷：不久。

【译文】

卞庄子想要刺杀猛虎，身边的僮仆就阻止了他，说：“两只虎正在吃牛，等他们吃出滋味来的时候一定会争夺，一争夺就会打起来，一打起来，那么大的就会受伤，小的就会死亡。这时候追逐受伤的老虎而刺杀它，必然获得刺杀双虎的名声。”

卞庄子认为他说得对，就站在旁边等待它们争斗。

不久，两只老虎果然战了起来，结果大的受了伤，小的死了。见此情景卞庄子就追赶上受伤的老虎而杀死了它，这一来果然获得了杀死双虎的功劳。

点　评

西哲卢梭有言：“忍耐是痛的，但是它的结果是甜蜜的。”是的，面对很多事情，我们都必须得学会忍耐，哪怕当时很痛苦。因为如果时机不成熟的时候贸然出手，就有可能让你饮恨终生。就像长平之战中的赵括不待时机而贸然出击，结果导致四十万赵军全军覆没，这样的悲剧何其悲惨？所以，有识之士都不会这般贸然行事，比如这里的孙膑就是待机而出，终让卫国“受重利而得尊名”。卞庄子听从规劝，不恃莽夫之勇，该出手时才出手，结果“一举果有双虎之功”。这也正说明：同样一件事情，由于掌握的时机、处理的方法相异，那么得到的结果也就会完全不同。所以我们处事要善于分析矛盾，利用矛盾，把握时机，有智有勇，才能收到事半功倍的效果。当然，从另一个角度来看，也要注意局部利益要服从整体利益。否则，内部争斗不休，只会让第三者高兴。

破釜沉舟

项羽已杀卿子冠军①，威震楚国，乃遣当阳君、蒲将军将卒二万渡河救巨鹿②。战少利，绝章邯甬道，王离军乏食③。陈余复请兵④。项羽乃悉引兵渡河，皆沈船⑤，破釜、甑，烧庐舍，持三日粮，以示士卒必死，无一还心。于是至则围王离，与秦军遇，九战，大破之，章邯引兵却。诸侯兵乃敢进击秦军，遂杀苏角⑥，虏王离。

（秦纪三）

【注释】

①卿子冠军：楚王上将军宋义号为"卿子冠军"。

②当阳君：黥布，是秦末农民起义领袖之一，西楚名将。河：黄河。

③王离：秦朝名将王翦的孙子。

④陈余：秦末有同名义军领袖。

⑤沈：通"沉"。

⑥苏角：秦末大将。

【译文】

项羽已经杀了"卿子冠军"宋义，威震楚国，就派当阳君黥布和蒲将军领兵两万渡黄河援救巨鹿。战事稍稍有利，就截断章邯所修的甬道，目的是使王离的军队粮食短缺。陈余于是又请求增援兵力。项羽便率全军渡过黄河，都凿沉船只，砸毁锅、甑，烧掉营舍，只携带三天的口粮，以此表示军队将决一死战，毫无退还之意。因此楚军一到巨鹿就包围了王离，与秦军接战，经九次交锋，大败秦军。章邯领兵退却。各路诸侯的援兵这时才敢出击秦军。于是杀了苏角，俘获了王离。

扩展阅读

渡河焚船

三十六年，缪公复益厚孟明等①，使将兵伐晋，渡河焚船，大败晋人，取王官及鄗②，以报殽之役③。晋人皆城守不敢出。于是缪公乃自茅津渡河，封殽中尸④，为发丧，哭之三日。乃誓于军曰："嗟士卒！听无哗，余誓告汝。古之人谋，黄发番番⑤，则无所过。"

（《史记·秦本纪》）

【注释】

①缪公：即秦穆公。　孟明：即孟明视，秦穆公的主要将领。

②郊（jiāo）：古地名。

③报：报复，报仇。殽之役：发生于周襄王二十六年（前627年）的一场晋襄公率军在晋国殽山（今河南陕县东）全歼秦军的重要战争。

④封：筑坟，给坟添土。

⑤黄发番番（pó）：通"皤"，指老年人。

【译文】

三十六年（公元前624年），秦穆公更加厚待孟明等人，还派他们率兵进攻晋国，他们渡过黄河就焚毁了船只以示决一死战，把晋国打得大败，夺取了王官和郊地，为殽山战役报了仇。晋国军队都据城防守，不敢出战。于是缪公就从茅津渡过黄河，为殽山战役牺牲的将士筑坟，给他们发丧，痛哭三天。向秦军发誓说："喂，将士们！你们听着，不要吵嚷，我向你们发誓，我要告诉你们，古人办事虚心听取老年人的意见，所以不会有什么过错。"

点　评

很多时候我们做事难以成功，就是因为对自己的放松，其实，若下定决心背水一战，不给自己留下任何退路，往往能够调动自己的全部智慧，从而一举成功。所以项羽破釜沉舟，"与秦军遇，九战"皆胜，让"百二秦关终属楚"；孟明视"渡河焚船"，抱定决一死战的信念，终于"报肴之役"，且打得"晋人皆城守不敢出"。其实，这样的方法并不仅仅只适于用兵，一样可以运用到我们的学习、工作、生活中。一旦抱定破釜沉舟之心，就能很快调动全身能量重拳出击，从而获得成功。

智胜子婴

子婴遣将兵距峣关①，沛公欲击之。张良曰："秦兵尚强，未可轻。愿先遣人益张旗帜于山上为疑兵，使郦食其、陆贾往说秦将②，啖以利③。"秦将果欲连和④，沛公欲许之。张良曰："此独其将欲叛，恐其士卒不从；不如因其懈怠击之⑤。"沛公引兵绕峣关，逾蒉山⑥，击秦军，大破之蓝田南。遂至蓝田，又战其北，秦兵大败。

（秦纪三）

【注释】

①子婴：秦三世，嬴姓，名子婴，或单名婴。　峣关：故址在西安市蓝田县城南。

②郦食其：刘邦得力谋士。　陆贾：西汉政治家、文学家、思想家。

③啖：拿利益引诱人。

④连和：联合，交好。

⑤因：趁着。

⑥蒉山：又名天马山，在陕西省蓝田县。

【译文】

子婴调兵遣将增援峣关，这时沛公刘邦就想去攻打。张良说："秦军现在还挺强大的，不可轻视。希望您先派人在山上多多张挂旗帜来作为疑兵，再派郦食其、陆贾前往游说秦朝的将领，并对他们加以利诱。"一番游说之后，秦将果然想与刘邦的军队联合。刘邦打算准许。张良道："这还只是那些将领想要反叛秦朝，恐怕他们的士兵还不会服从。不如就乘着秦军麻痹大意时攻击他们。"刘邦于是领兵绕过峣关，越过蒉山，袭击秦军，在蓝田的南面大败秦军。随后抵达蓝田，又在蓝田北面与秦军交战，秦军土崩瓦解。

扩展阅读

耿弇巧胜

后汉建武五年[①]，耿弇与张步相拒[②]，步使其弟蓝将精兵二万守西安[③]，诸郡太守合万余人守临淄，相去四十余里。弇进兵画中[④]，居二城之间。弇视西安城小而坚，且蓝兵又精；临淄虽大而易攻，乃敕诸将会[⑤]，俟五日攻西安。蓝闻之，日夜为备。至期，弇敕诸将夜半皆蓐食[⑥]，会明至临淄。护军荀梁等争之，以为宜速攻西安。弇曰："西安闻吾欲攻之，日夜备守；临淄出其不意，至必惊扰，攻之则一日可拔。拔临淄则西安孤，张蓝与步隔绝，必复亡去[⑦]，所谓击一而得二者也。若攻西安，不卒下[⑧]，顿兵坚城[⑨]，死伤必多。纵能拔之，蓝帅兵奔还临淄，并兵合势，观人虚实，吾深入敌地，后无转输[⑩]，旬日之间，不战而困。诸君之言，未见其宜。"遂攻临淄，半日拔之，入据其城。张蓝闻之，果将兵亡去。

（《百战奇法·声战》）

【注释】

①后汉：东汉。建武五年：公元29年。

②耿弇（yǎn）：东汉开国名将。　张步：字文公，汉代琅玡人。张步因贪王爵，拒不受光武帝诏，光武帝就派耿弇讨伐他。

③西安：县名。故址在今山东桓台东。

④画中：邑名。东汉时又称“棘里亭”，位于今山东临淄西。

⑤敕：命令。

⑥蓐食：据《方言》云：“蓐，厚也。”蓐食，谓丰厚饮食。这里指战前令士卒饱餐。

⑦亡：逃跑。

⑧卒：同“猝”，谓突然、急促，引申为马上、立即之意。

⑨顿兵：驻扎军队。

⑩转输：转运输送物资。这里指后勤供应。

【译文】

东汉建武五年，大将耿弇率军同张步相对抗。张步派遣其弟张蓝率领精锐部队二万人驻守西安，并令其所辖诸郡太守集中兵力万余人驻守临淄，两城相距四十余里。这时耿弇率军进至画中，此地位于西安与临淄二城之间。耿弇侦察发现西安城小而坚固，且有张蓝精兵防守；临淄城虽大却容易攻取。于是，耿弇下令诸将集会一处，宣布说五天后进攻西安。张蓝获此消息后，昼夜严加戒备。到了第五天，耿弇命令全军将士半夜吃饱饭，天亮时候进至临淄城下。护军荀梁等人在攻打临淄的问题上同耿弇发生了争执，他们认为应当迅速攻打西安。耿弇说：“不能先打西安，因为西安的守敌听说我军要进攻他们，已经昼夜加紧守备；我们现在进攻临淄正是出其不意，定会使该城守敌惊慌失措，猛攻一天就可破城。攻克临淄，西安就陷入孤立境地，张蓝因与张步之间交通断绝而孤立无援，因此必定又将弃城逃跑。这就是通常所说的一箭双雕的战法。如果先攻西安，不能很快攻克，驻军于坚城之下，必会给我军造成更多伤亡。纵然能够攻克西安，张蓝率兵逃往临淄，与该城守军合兵协力，便可寻机向我发动进攻。我军深入敌境作战，没有后方供应，十天之内，不经交战便将陷入困境。诸位所谈意见，看不到有何恰当可取之处。”于是，耿弇挥军进攻临淄，半天即攻克，进占了该城。张蓝听到这个消息后，果然率兵逃跑了。

点 评

兵家有言：虚则实之，实则虚之。也就是说但凡军事行动，如果使对手虚实莫辨，这自然也就有利于自己随时开战。“二战”中日本偷袭珍珠港时就是这样，他们一边在跟美国谈判，一边开始抢滩。其实，类似的作战在中国古代更是普遍，比如这里的“先遣人益张旗帜于山上为疑兵”，还有耿弇的声东击西，这无不是兵家智慧的体现。

师出有名

三老董公遮说王曰[①]："臣闻'顺德者昌，逆德者亡'；'兵出无名，事故不成'。故曰：'明其为贼，敌乃可服。'项羽为无道，放杀其主[②]，天下之贼也。夫仁不以勇，义不以力，大王宜率三军之众为之素服，以告诸侯而伐之，则四海之内莫不仰德，此三王之举也。"于是汉王为义帝发丧，袒而大哭，哀临三日，发使告诸侯曰："天下共立义帝[③]，北面事之。今项羽放杀义帝江南，大逆无道！寡人悉发关中兵，收三河士[④]，南浮江、汉以下，愿从诸侯王击楚之杀义帝者！"

（汉纪一）

【注释】

①三老：是古代掌教化的乡官。　遮：阻拦。

②放：放逐。　杀：杀害。

③义帝：战国时期楚怀王熊槐的孙子，被楚地反秦义军首领项梁等拥立为王，项羽尊之为义帝。

④三河：河南、河东、河内。

【译文】

三老董公拦住汉王劝说道："我听说'顺德者昌，逆德者亡'；'师出无名，事情就不能成功'。所以说：'点明要讨伐的人是乱臣贼子，敌人才可以被征服。'项羽行事大逆不道，放逐并杀害了他的君主义帝，实在是令天下人痛恨的逆贼啊。仁德之士不逞一时之勇，正义之军不拼一己之力。大王您应当率领三军将士为义帝穿上丧服，以此通告诸侯王，共同讨伐项羽。那么四海之内没有人不仰慕您的德行，这可是像夏、殷、周三王那样的行为啊！"汉王于是便为义帝发丧，裸露着左臂痛哭流涕，全体举哀三天，并派使者向各路诸侯通报说："当初天下共同拥立义帝，对他北面称臣。现在项羽却在江南把义帝放逐、杀害，纯属大逆不道！我要出动关中的全部兵马，征收河南、河东、河内地区的士兵，乘船沿长江、汉水南下，愿意追随诸侯王去攻打楚国这个杀害义帝的逆贼！"

扩展阅读

借号发令

董卓之入洛阳，诩以太尉掾为平津都尉①，迁讨虏校尉②。卓婿中郎将牛辅屯陕，诩在辅军。卓败，辅又死，众恐惧，校尉李傕、郭汜、张济等欲解散，间行归乡里③。诩曰："闻长安中议欲尽诛凉州人，而诸君弃众单行，即一亭长能束君矣④。不如率众而西，所在收兵，以攻长安，为董公报仇，幸而事济，奉国家以征天下，若不济，走未后也。"众以为然。

（《三国志·魏书·贾诩传》）

【注释】

①诩：贾诩，著名谋士。　太尉掾：官名。　都尉：次于将军的武官。
②校尉：部队长之义。
③间行：走小路。
④亭长：乡官名。

【译文】

董卓进入洛阳的时候，贾诩以太尉掾的身份担任平津都尉，后又升任讨虏校尉。董卓的女婿中郎将牛辅屯兵在陕西，贾诩那时候就在牛辅的军中。后来董卓兵败，牛辅也死了，众人都很担心，校尉李傕、郭汜、张济等都想解散，偷偷地返回归故乡。贾诩就告诉他们说："听说长安城那边正议论要杀尽凉州人，而你们几位如果不和众人在一起而单独行走，恐怕即使是一个亭长就可能收捕你们。所以不如率领众人向西，边行边征收士兵，用来攻打长安，为董卓公报仇，如果侥幸成事了，然后就以国家的名义来争夺天下，若失败了，再走也不迟呀。"众人听了认为的确如此。

点 评

"兵出无名，事故不成"，正是明乎此，三老董公才劝说刘邦打着为义帝报仇的名义出兵，自然会因为符合大众心理而易于成行；贾诩对此也是心知肚明，所以他想出了为董公报仇"奉国家以征天下"的妙计，自然也就易于得到响应。最终历史也证明了他们的正确性。

妙间项王

汉王谓陈平曰①："天下纷纷，何时定乎？"陈平曰："项王骨鲠之臣亚父、钟离昧、龙且、周殷之属②，不过数人耳。大王诚能捐数万斤金③，行反间，间其君臣，以疑其心。项王为人，意忌信谗④，必内相诛，汉因举兵而攻之，破楚必矣。"汉王曰："善！"乃出黄金四万斤与平，恣所为⑤，不问其出入。平多以金纵反间于楚军，宣言："诸将钟离昧等为项王将，功多矣，然而终不得裂地而王⑥，欲与汉为一，以灭项氏而分王其地。"项王果意不信钟离昧等。

（汉纪二）

【注释】

①陈平：刘邦谋臣。

②骨鲠之臣：忠直敢于直言进谏的属下。　亚父：即范增，项羽的主要谋士，被尊称为"亚父"。　钟离昧：楚王项羽的大将。龙且、周殷：均为项羽的大将。

③捐：舍弃。

④忌：猜忌。

⑤恣：放纵，没有拘束。

【译文】

汉王刘邦对陈平说："天下纷扰混乱，到什么时候才能安定呀？"陈平说："项王身边刚直不阿的臣子，如亚父范增、钟离昧、龙且、周殷之辈，也不过几个人罢了。大王您如果能拿出几万斤黄金，施用反间计，离间他们的君臣关系，使他们内心互相猜疑。而且项羽为人原就猜忌多疑，易听信谗言，这样一来他们内部必然会自相残杀，我们即可乘机发兵去攻打他们，如此击败楚军就是必然的啦。"汉王说："对啊！"便取出黄金四万斤交给陈平，任凭他活动，不过问他使用的情况。陈平于是用许多黄金雇请间谍到楚军中去进行离间活动，扬言说："各位将领如钟离昧等人为项王领兵打仗，功劳卓著，但是终究不能分得一块土地而称王，因此他们便想与汉军联合起来，借此灭掉项氏，瓜分楚国的土地，各自称王。"项羽果然有所猜忌，不再信任钟离昧等人了。

扩展阅读

赵王自灭

赵王迁七年[①]，秦使王翦攻赵[②]，赵使李牧、司马尚御之[③]。秦多与赵王宠臣郭开金，为反间[④]，言李牧、司马尚欲反。赵王乃使赵葱及齐将颜聚代李牧。李牧不受命，赵使人微捕得李牧[⑤]，斩之。废司马尚。后三月，王翦因急击赵，大破杀赵葱，虏赵王迁及其将颜聚，遂灭赵。

（《史记·廉颇蔺相如列传》）

【注释】

①赵王迁：又称赵幽缪王，战国时赵国的最后一位国君。

②王翦：战国末期秦国著名战将。

③李牧：战国时期的赵国将领。　司马尚：战国时期的赵国将领。

④郭开：战国时赵国大臣。

⑤微捕：秘密逮捕。

【译文】

赵王迁七年，秦国派遣王翦攻打赵国，赵王派李牧、司马尚抵抗秦军。秦国用大笔金钱贿赂赵王的宠臣郭开，施行反间计，说李牧、司马尚想要谋反。赵王便派赵葱和齐将颜聚代替李牧。李牧不接受命令，赵王派人秘密逮捕了李牧，并把他处死了，同时撤销了司马尚的职务。之后三个月，王翦乘势迅速攻打赵国，大败赵葱的军队并杀了赵葱，还俘虏了赵王和他的将领颜聚，于是灭了赵国。

点评

在作战中，很多时候难以硬攻，尤其是当对方士气正盛、众志成城之际，这时就不妨寻找他们的漏洞，瓦解他们的统一阵线。正所谓“兵不厌诈”。汉代的陈平就是以黄金为诱饵而赢得了项王一些手下的心，从而借他们之口离间了项王与钟离昧的关系，使之自废股肱；秦国则是收买了赵国的宠臣郭开，结果使得他们残杀名将，终致国破家亡仇家幸！

吕布降城

操掘堑围下邳[1]，积久，士卒疲敝[2]，欲还。荀攸、郭嘉曰[3]：“吕布勇而无谋，今屡战皆北[4]，锐气衰矣。三军以将为主，主衰则军无奋意。陈宫有智而迟[5]，今及布气之未复，宫谋之未定，急攻之，布可拔也。”乃引沂、泗灌城[6]。月余，布益困迫，临城谓操军士曰：“卿曹无相困我[7]，我当自首于明公[8]。”

（汉纪五十四）

【注释】

①操：曹操。

②疲敝：疲劳不堪。也作“疲弊”。

③荀攸、郭嘉：曹操的著名谋士。

④北：败北，失败。

⑤陈宫：吕布帐下谋士。　迟：这里指机变不够快。

⑥沂、泗：沂水和泗水。

⑦卿曹：君等，你们。

⑧明公：旧时对有名位者的尊称。这里指曹操。

【译文】

曹操挖掘壕沟包围下邳城，但很久未能攻克，兵士十分疲惫，他就打算撤军。荀攸、郭嘉建议说："吕布有勇无谋，现在连战连败，锐气已衰。三军完全要看主将的情况，主将锐气一衰，则三军斗志全消。陈宫虽有智谋，但机变不够。所以现在应该乘吕布锐气未复，陈宫智谋未定之际，发动猛攻，这样就可以消灭吕布了。"于是，曹军就开凿沟渠引沂水、泗水来灌城。又过了一个多月，吕布更加困窘了，无奈，最后他只好登上城头对曹军兵士喊："你们不要这样逼迫我了，我要向明公投诚。"

扩展阅读

孙权破城

孙权亲征[①]，一朝夜至[②]，问诸将计策，诸将皆劝作高垒[③]。蒙曰[④]："治垒必历日乃成，彼城备已修，外救必至，不可图也。且乘雨水以入，若淹留经日，水必向尽[⑤]，还道艰难，蒙窃危之。今观此城，不甚固，以三军锐气，四面攻之，不移时可拔，及水以归[⑥]，全胜之术也。"吴主权从之。蒙乃荐甘宁为外城都督[⑦]，率兵攻其前，蒙以精锐继之。侵晨进攻，蒙手执枹鼓[⑧]，士卒皆腾踊自升，食时破之[⑨]。

（《百战奇法·攻占》）

【注释】

①孙权亲征：孙权亲自带兵出征。这里指攻打皖县。

②一朝夜至：犹言一昼夜至。

③高垒：作土山攻具。

④蒙：东吴大将吕蒙。

⑤水必向尽：上涨的江水必然退尽。

⑥及：趁着，乘。

⑦甘宁：作战勇敢，为孙权所推。　升城都督：作战临时任命的统兵攻城的长官。

⑧枹鼓：谓以槌击鼓。枹，同"桴"，鼓槌，这里作动词。

⑨食时：吃（早）饭的时候。

【译文】

孙权亲自出征皖县，一昼夜就到达了。然后孙权向众将征求攻城谋略，大家都建议构筑攻城土山。吕蒙却说："构筑土山必须经过好多天才能完成，等到那时，敌人的城防已经整修加固，外部的救兵也必将赶到，该城就无法攻破了。况且我军是乘着雨季从水道而来，倘若在此停留多日，上涨的江水必将退尽，返回时道路就会非常艰难，我觉得这是很危险的。现今据我观察该城并不很坚固，凭借我军的士气，从四面实施围攻，不用多久就可破城，然后乘着水位高涨而还军，这才是全胜无损的策略啊。”吴主孙权采纳了他的意见。吕蒙就推荐甘宁担任登城都督，率兵进攻在前，吕蒙率领精锐主力随后跟进。天刚亮时吴军发起进攻，吕蒙手持鼓槌擂鼓督战，士兵们个个龙腾虎跃，奋勇登城，仅到吃早饭时候就攻克了该城。

点评

孙子有言：“知己知彼，百战不殆。”从这两则战事来看，这绝非虚言。细想这也确实是经验之谈，如果在尚不知对方虚实的情况下而盲目进攻，就有可能误入对手的陷阱，这自然也就难以取胜。就像司马懿之所以不敢进攻诸葛亮的“空城”，就是他不知对方情况而怕有伏兵，而诸葛亮则是因为了解己方军情，又了解司马懿的多疑，所以才有“空城计”的成功。这里的荀攸、郭嘉就是了解吕布的现状和其谋士陈宫的性情，所以才乘胜追击；吕蒙也是把握了对方军情和地利，又抓住了有利时机终致取胜。

乐不思蜀

晋王与禅宴[①]，为之作故蜀技[②]，旁人皆为之感怆，而禅喜笑自若。王谓贾充曰[③]：“人之无情，乃至于是！虽使诸葛亮在，不能辅之久全，况姜维邪！”他日，王问禅曰：“颇思蜀否？”禅曰：“此间乐，不思蜀也。”郤正闻之[④]，谓禅曰：“若王后问，宜泣而答曰：‘先人坟墓，远在岷、蜀，乃心西悲，无日不思。’因闭其目。”会王复问，禅对如前，王曰：“何乃似郤正语邪！”禅惊视曰：“诚如尊命。”左右皆笑。

（魏纪十）

【注释】

①晋王：指司马昭。　禅：刘禅。

②技：与“伎”同，歌舞表演。

③贾充：晋王朝的开国元勋。

④郤（xì）正：三国时蜀国官员，蜀亡后在西晋任官。

【译文】

晋王与刘禅一起宴饮，还让人为他表演以前蜀国的歌舞，旁人都为之伤感不已，而刘禅却喜笑自然。晋王对贾充说：“人的无情，竟然到了这种程度呀；即使诸葛亮还在，也不能辅佐他长久平安，何况姜维呢！”有一天，晋王问刘禅说：“你很思念蜀国吗？”刘禅说：“在这里很快乐，不思念蜀国。”郤正听了后，就对刘禅说：“如果晋王以后再问，你应当哭着回答说：‘祖先的坟墓，都远在蜀地，我心常常西望而悲，没一天不思念的。’然后闭上眼睛。”后来遇上晋王又问他，刘禅就像郤正说的那样回答，晋王说：“你说的怎么像郤正的话呀。”刘禅惊讶地望着他说：“你说的一点不错。”左右之人都笑了。

扩展阅读

空城败敌

吐蕃寇陷瓜州[①]，王君焕死[②]，河西汹惧[③]。以守珪为瓜州刺史、墨离军使[④]，领余众修筑州城。板堞才立[⑤]，贼又暴至城下，城中人相顾失色，虽相率登陴[⑥]，略无守御之意。守珪曰：“彼众我寡，又创痍之后，不可以矢石相持[⑦]，须以权道制之也[⑧]。”乃于城上置酒作乐，以会将士。贼疑城中有备，竟不敢攻城而退。守珪纵兵击败之。

（《旧唐书·列传》[⑨]）

【注释】

①吐蕃：7—9世纪时古代藏族建立的政权。　瓜州：今甘肃安西东南部。

②王君焕：唐代将军。

③河西：河西走廊。　汹惧：惶恐不安。

④守珪：张守珪，唐朝大将。　墨离：地名，在今天甘肃阿克塞地区。

⑤板堞：板筑的女墙。

⑥登陴：升登城上女墙。引申为守城。

⑦矢石：箭和垒石，古时守城的武器。

⑧权道：变通之道，临时措施。

⑨《旧唐书》：五代后晋时刘昫主持编写的一部官修史书。

【译文】

吐蕃的敌兵攻陷了瓜州，王君焕战死了，那里的人们都惶恐不安。这时，朝廷让张守珪担任瓜州刺史兼墨离军使。张守珪马上组织留存的军民修筑州城，但刚把修城用的板堞立好，吐蕃军队突然兵临城下。城中军民见状，顿时大惊失色，虽然一个个地都参加了守城，但均无斗志。面对这样的情景，张守珪说：“他们人多，我们人少，我们又是刚遭受过战祸，所以不能仅靠箭和垒石来对抗，要用变通之道来处理。”于是就在城头上饮酒作乐，饮宴将士，敌兵怀疑城中有防备，最终不敢贸然攻城而退了。这时张守珪立刻命令军队出击，结果击败了他们。

点 评

蜥蜴为了保护自己，往往会随环境变化而让自己的身体呈现不同的颜色；枯叶蝶为了保护自己，会把自己伪装得与干枯的树叶无异。而人们有时为了保护自己，不得不演上一出空城计。西晋时代的刘禅就主演过这样一出剧，只不过很多人对他进行了无情贬低，认为他的“乐不思蜀”真是可怜可悲、无能窝囊至极。其实，细细分析，就不难明白个中道理，刘禅虽然不十分有才气，但毕竟还不至于真的那么愚蠢。他这样做就是为了伪装自己，就像孙膑的装疯卖傻，想想看，他再愚蠢，也会迷恋当初的帝位吧，怎么会真的就认为“此间乐，不思蜀”？说穿了就是为保命而故意让晋王看出自己没有异心而已，其实，他内心流的都是含血的泪滴，一切不快都只能深深埋在心底，因为那时他的生命早已不属于自己。之前司马懿为了麻痹曹爽不也表演过“尸居余气”吗？人在不得已的情况下需要如此，打仗也是一样，这里的张守珪在不得已的情况下用了空城计，结果却巧妙地退了敌。

唱筹量沙

檀道济等食尽[①]，自历城引还[②]。军士有亡降魏者[③]，具告之[④]。魏人追之，众恼惧[⑤]，将溃。道济夜唱筹量沙[⑥]，以所余少米覆其上。及旦，魏军见之，谓道济资粮有余，以降者为妄而斩之[⑦]。时道济兵少，魏兵甚盛，骑士四合[⑧]。道济命军士皆被甲[⑨]，己白服乘舆，引兵徐出。魏人以为有伏兵，不敢逼，稍稍引退，道济全军而返。

（宋纪四）

【注释】

①檀道济：南朝宋将领。

②引还：率军退回。

③亡：逃跑。　魏：南北朝时代的北魏。

④具：通“俱”，都。

⑤恟惧：惶恐不安。

⑥唱筹量沙：将沙当做米计量，并高呼所量的数字（以透露给不知内情的人）。指制造假象，以稳定军心，迷惑敌人。筹，计数的用具。

⑦妄：欺骗。

⑧四合：四面包围。

⑨被：通“披”。

【译文】

檀道济的大军因为军粮没了，只好从历城撤军。当时他军中有逃走投降北魏的士卒，把刘宋军的困难境遇一一都报告给了北魏军。于是北魏军就追击檀道济的大军，檀道济的兵士都惊恐不安，马上就要溃散。这时檀道济就利用夜色的掩护，命士卒把沙子当做粮食，一斗一斗地量，而且边量边唱出数字，然后用军中仅剩下的一点谷米覆盖在沙子上。等到天亮，北魏军方看到这种情况，以为檀道济军中的粮食还很充裕，就认为那个降卒在撒谎而杀掉了降卒。当时，檀道济兵员很少，而北魏人多势众，他们骑兵部队从四面八方包围了檀道济军。檀道济就命令军士们都披上铠甲，而自己则穿着白色的便服乘着车子，率领军队缓缓地出了城。北魏军方以为檀道济设有伏兵，不敢逼近，而且还慢慢撤退，这样檀道济保全了军队，安全撤退了。

扩展阅读

文聘惑敌

孙权尝自将数万众卒至。时大雨，城栅崩坏[①]，人民散在田野，未及补治。聘闻权到[②]，不知所施，乃思惟莫若潜默可以疑之[③]。乃敕城中人使不得见[④]，又自卧舍中不起。权果疑之，语其部党曰："北方以此人忠臣也，故委之以此郡，今我至而不动，此不有密图[⑤]，必当有外救。"遂不敢攻而去。"

（《魏略》[⑥]）

【注释】

①城：指石阳城。

②聘：文聘，字仲业，南阳宛人，三国时期曹魏名将。

③潜默：缄默，无动静。

④敕：命令。　见：通"现"，出现。

⑤密图：指阴谋。

⑥《魏略》：魏郎中鱼豢所编著，为三国时代中记载魏国的史书，共50卷，本书已佚。

【译文】

孙权曾经亲自率领几万大军到了石阳城。那时正遇上大雨，石阳城的防护设施坏了，人民散布在野外，来不及修好。这时文聘听说孙权兵到，一时不知怎么是好，就想没有比让城中毫无动静更能迷惑孙权的了。于是，便下令城中人谁都不得出现，自己躺在屋里不起。孙权见此情形果然大为怀疑，就对他的部下说："北方人认为这个人是忠臣，就把这个郡让他治理。现在我们来了他们却没有什么行动，这不是有什么阴谋，就必定是有外援。"于是，不敢攻打就走了。

点 评

正所谓兵无常势，善用兵者往往是虚虚实实，让对手难辨真假，这也正应了那句“上将伐谋”的古话。这两则小故事的主人公均是如此，他们妙施“空城计”，以虚惑实，收到了预期效果。檀道济是连用两次，先是借着夜色“唱筹量沙”给敌人开了“玩笑”，让敌人不明就里，接着又在对方“骑士四合”之际来了个“白服乘舆，引兵徐出”，让对方“以为有伏兵”而使得自己“全军而返”，何其妙哉！而更妙的还是文聘，在敌人兵临城下、“城栅崩坏”之际，却来了个“乃敕城中人使不得见，又自卧舍中不起”，结果让敌人“疑之”为“此不有密图，必当有外救”，终致“不敢攻而去”，可谓高明至极。然而，细细看来，两位将领的做法又何尝不危险至极呢？而这也正说明了：在实际战略中，风险往往与机遇、利益和成功共存，“不入虎穴，焉得虎子”。空城计的奇巧之处在于：要善于正确、及时地把握对方的战略背景、心理状态、性格特性等，因时、因地、因人地以奇异的谋略解除自己的危机。

求大舍小

李愬还军文城[①]，诸将请曰："始公败于朗山而不忧，胜于吴房而不取[②]，冒大风甚雪而不止，孤军深入而不惧，然卒以成功，皆众人所不谕也，敢问其故？"曰："朗山不利，则贼轻我而不为备矣。取吴房，则其众奔蔡[③]，并力固守，故存之以分其兵。风雪阴晦，则烽火不接[④]，不知吾至。孤军深入，则人皆致死，战自倍矣。夫视远者不顾近，虑大者不详细，若矜小胜，恤小败，先自挠矣[⑤]，何暇立功乎！"众皆服。

（唐纪五十六）

【注释】

①李愬，字直元，晚唐名将。

②取：夺取。

③蔡：蔡州，今河南汝南县。

④接：这里指取得联系。

⑤挠：扰乱。

【译文】

李愬率军返回文城驻扎，各位将领请教说："起初，您在朗山战败了，但并不发愁；在吴房取胜了，但并不夺取吴房；冒着大风暴雪，但并不肯停止行军；带着孤立无援的军队深入敌境，但并不畏惧。然而，您终于因此获得成功，这都是大家不明白的地方，请问其中的缘故。”李愬说：“朗山失利，敌人便轻视我们而不作防备了。夺取吴房，吴房的人马便要逃奔蔡州合力坚守，所以我将吴房留下来，以便分散敌人的兵力。急风暴雪，天色昏暗，敌人便不能够用烽火取得联系，就不会知道我们的到来。孤立无援的军队深入敌境，将士便都抱着必死之心，打起仗来自然就会加倍出力。一般说来，眺望远处的人不必顾及近处，考虑大事的人不必知悉细事。倘若夸耀小小的胜利，顾惜小小的失败，首先就把自己搅乱了，哪里还有余暇去建立军功呢！”大家一听都服气了。

扩展阅读

术明自胜

王者之兵，胜而不骄，败而不怨。胜而不骄者，术明也[①]；败而不怨者，知所失也。若兵敌强弱[②]，将贤则胜，将不如则败。若其政出庙算者[③]，将贤亦胜，将不如亦胜。

（《商君书·战法》[④]）

【注释】

①术明：精通用兵之道。

②敌：相当。

③庙算：这里指朝廷的决策。

④《商君书》：也称《商子》，现存24篇，战国时商鞅及其后学的著作汇编，是法家学派的代表作之一。

【译文】

称王于天下的国君的军队，打了胜仗不骄傲，打了败仗不埋怨。胜利了不骄傲，是因为精通用兵之道；失败了不埋怨，是因为懂得失败的原因。如果敌我兵力强弱相当，将帅有才干就会胜利，将帅的才干不如敌方就要失败。如果朝廷决策正确，将帅有才干固然会胜利，将帅的才干不如敌方也能胜利。

点评

在作战中，一个真正优秀的将领不仅要做到“胜而不骄”，更重要的是能够做到“败而不怨”。保持一颗“平常心”，不断总结经验，吸取教训，更好地洞察敌我，从而取得最终的胜利。在我们的生活中，取得了小小成绩就沾沾自喜，使自己止步不前；而能够败而不馁，不仅磨炼人的意志，更会使之“术明”，从而“柳暗花明又一村”，闯出一片新天地来。

荀卿论兵

荀卿者[1]，赵人，名况，尝与临武君论兵于赵孝成王之前[2]。王曰："请问兵要。"临武君对曰："上得天时，下得地利，观敌之变动，后之发，先之至，此用兵之要术也。"荀卿曰："不然。臣所闻古之道，凡用兵攻战之本，在乎一民[3]。弓矢不调，则羿不能以中[4]；六马不和，则造父不能以致远[5]；士民不亲附，则汤、武不能以必胜也[6]。故善附民者，是乃善用兵者也。故兵要在乎附民而已。"

（秦纪一）

【注释】

①荀卿：姓荀名况，字卿。战国末期赵国著名思想家、文学家、政治家，儒家代表人物之一。

②赵孝成王：嬴姓，赵氏，名丹。

③一：统一。

④羿：传说是中国夏代有穷国的君主，善于射箭。亦称"后羿""夷羿"。

⑤造父：周穆王时御马官，专管天子车舆。

⑥汤、武：即商汤王和周武王。

【译文】

荀卿是赵国人，名况，曾经与临武君在赵国国君孝成王面前谈论用兵之道。孝成王说：“请问什么是用兵的要旨？”临武君回答道：“上得天时，下得地利，观察敌人的变化动向，比敌人后发兵而先到达，这即是用兵的关键方略。”荀况说：“不是这样的。我所听说的古人用兵的道理是，用兵攻战的根本，在于统一百姓。弓与箭不协调，就是善射的后羿也不能射中目标；六匹马不协力一致，即便善御的造父也无法将马车赶往远方；士人与百姓不亲近依附国君，即商汤、周武王这样的贤君也不能有必胜的把握。因此，善于使百姓归附的人，这才是善于用兵的人。所以用兵的要领在于使百姓亲近依附。”

扩展阅读

百姓为天

齐桓公问管仲曰[①]：“王者何贵？”对曰：“贵天。”桓公仰而视天。管仲曰：“所谓天者，非谓苍苍莽莽之天也，君人者以百姓为天。百姓与之则安[②]，辅之则强，非之则危[③]，背之则亡。《诗》云：‘人而无良，相怨一方。’民怨其上，不遂亡者，未之有也。”

（《说苑·建本》）

【注释】

①齐桓公：春秋时期齐国的国君。　　管仲：名夷吾，春秋时期齐国著名的政治家。

②与：赞许。

③非：反对。

【译文】

齐桓公问管仲说：“做君王的应把什么当作最宝贵的？”

管仲回答说："应把天当作最宝贵的。"于是齐桓公仰起头望着天。管仲说："我所说的'天'，不是苍苍莽莽的天。是说给人民当君主的，要把百姓当作天。百姓拥护他，国家就会安宁；百姓辅助他，国家才能强盛；百姓反对他，国家就很危险；百姓背弃他，国家就要灭亡。《诗经》中说：'做人如果不善良，一个地方的人都会怨恨他'。百姓怨恨他们的君主而最后不灭亡的政权，是从来就没有过的。"

点评

无论是一个什么样的团体，只要想得以发展，都离不开集体的合力，否则，人心向背，不管这个团体多么强大，最终也会分崩离析。所以，对此贤者自古就很是注意，就像这里的荀卿，在论兵之际就谈到了"兵要在乎附民而已"，讲的就是这个道理，管仲对此又作了具体的阐释——要做到这一点，就得"以百姓为天"，也就是说要获取民心，只有这样才能同心戮力。

玉壶冰心谱春秋

——情操篇

文侯守约

文侯与群臣饮酒[1]，乐，而天雨，命驾将适野[2]。左右曰："今日饮酒乐，天又雨，君将安之？"文侯曰："吾与虞人期猎[3]，虽乐，岂可无一会期哉！[4]"乃往，身自罢之[5]。

（周纪一）

【注释】

①魏文侯：战国时魏国国君。

②命驾：命令驾车人（准备车马）。　适：往，去，到。　野：这里指郊外。

③虞人：管理山林的官。　期猎：约会打猎。

④会期：会面赴约。

⑤罢：停止，取消。

【译文】

一次魏文侯与群臣饮酒，饮得正高兴的时候，天下起了大雨，魏文侯却下令备车前往郊外。左右侍臣忙问："今天饮酒兴致正高，外面又下着大雨，国君打算到哪里去呢？"魏文侯说："我与管山林的虞人约好了去打猎，虽然这里很快乐，但也不能不遵守约定呀！"于是他就去了，并亲自告诉虞人因为下雨而取消打猎活动。

扩展阅读

鸡黍之会

范式字巨卿，山阳金乡人也，一名汜。少游太学，为诸生，与汝南张劭为友[①]。劭字元伯。二人并告归乡里[②]。式谓元伯曰：后二年当还，将过拜尊亲，见孺子焉[③]。乃共克期日[④]。后期方至，元伯具以白母[⑤]，请设馔以候之。母曰："二年之别，千里结言，尔何相信之审邪？"对曰："巨卿信士，必不乖违。[⑥]"母曰："若然，当为尔酝酒。"至其日，巨卿果到，升堂拜饮[⑦]，尽欢而别。

（《后汉书·范式传》）

【注释】

①汝南：古地名，在今河南驻马店市。

②告：告假。

③孺子：孩子。

④克：约定。

⑤白：告知。

⑥乖违：违背。

⑦升堂：登上大厅。

【译文】

范式，字巨卿，是山阳金乡人，也叫范氾。年轻时在太学读书，是生员，和汝南的张劭，是好朋友。张劭字元伯。一天两人同时请假回家，分别时范式对张劭说："两年后该回来的时候，我将前往府上拜见你的母亲大人，并看望你的孩子。"两人于是共同约好日期。后来约定的日期将要到了，张劭就把这件事详细告诉了母亲，请求母亲准备酒食等待范式的到来。张劭的母亲说："分别两年了，相约的人远在千里，你怎么会如此相信呢？"张劭回答说："范式是讲信用的人，绝对不会违背约定的。"张劭的母亲说："如果真是那样，当然会为你们准备酒食的。"到了约定的日子，范式果然来了，登堂拜见张劭母亲后，接着开怀畅饮，尽兴了才离开。

点　评

那是和煦的春风，总能给人间带来无限的温情；那是神奇的焰火，不经意间就融化了生活中的冷漠；那是七彩的虹桥，悄无声息地沟通着你和我；那是一首无声的歌，却传唱到世界的每一个角落；那是一首无言的诗，却闪现在每个人的心灵里……那就是——诚信，这一中华民族的传统美德，一直芬芳在这个民族的心坎上。你看，上至国君——魏文侯即便在酒酣正乐之际也不忘与一个手下的约会；下至一般士子——张劭即便是两年前的约定也不错过，也正是这样，他们原本短暂的生命却得以永恒。这，就是诚信的魅力。

子击受教

子击出[①]，遭田子方于道[②]，下车伏谒[③]。子方不为礼[④]。子击怒，谓子方曰："富贵者骄人乎？贫贱者骄人乎？"子方曰："亦贫贱者骄人耳，富贵者安敢骄人？国君而骄人则失其国[⑤]，大夫而骄人则失其家。失其国者未闻有以国待之者也，失其家者未闻有以家待之者也。夫士贫贱者，言不用，行不合，则纳履而去耳，安往而不得贫贱哉！"子击乃谢之[⑥]。

（周纪一）

【注释】

①子击：魏文侯的长子，国君的继承人。

②遭：遭遇，遇到。　田子方：子击的老师。

③伏谒：行礼拜见。

④不为礼：不还礼。

⑤而：通"如"，如果。

⑥谢：道歉。

【译文】

魏国的太子子击出行时，在路上遇见了老师田子方，就下车行礼拜见。田子方却不还礼。于是子击就怒气冲冲地对田子方说："是富贵的人能对人骄傲呢，还是贫贱的人能对人骄傲呢？"田子方说："也就是贫贱的人能对人骄傲，富贵的人怎么敢对人骄傲呢！国君假如对人骄傲，那么就会失去国家；大夫对人骄傲就将失去封地。失去其国家的人，没有听说有以国君的待遇对待他的；失去其封地的人，也没有听说有以大夫的待遇对待他的。贫贱的游士则不然，说的话不被采用，行为不合意，就穿上鞋子离去，到哪儿不能成为贫贱的人呢！"子击于是向田子方道歉。

扩展阅读

叔敖为相

孙叔敖为楚令尹[①]，一国吏民皆来贺。有一老父，衣粗衣[②]，冠白冠，后来吊[③]。孙叔敖正衣冠而出见之，谓老父曰："楚王不知臣不肖，使臣受吏民之垢[④]，人尽来贺，子独后来吊，岂有说乎？"父曰："有说。身已贵而骄人者，民去之；位已高而擅权者，君恶之；禄已厚而不知足者，患处之。"孙叔敖再拜曰："敬受命，愿闻余教。"父曰："位已高而意益下[⑤]，官益大而心益小，禄已厚而慎不敢取。君谨守此三者，足以治楚矣！"

（《说苑·敬慎》）

【注释】

①孙叔敖：春秋时楚国人，有名贤臣。　令尹：官名，相当于宰相。

②老父：老人，下文中"父"，即此老人。　衣：前者为动词穿衣，后者为名词，衣服。粗衣：穿着麻制的丧衣。下句"冠"的用法也同"衣"。

③吊：慰问，吊唁。

④受吏民之垢：意即担任宰相一事，这是一种谦虚的说法。

⑤意益下：指为人更谦恭。

【译文】

孙叔敖担任楚国的宰相，全国的官吏、百姓都来祝贺。却有一个老人，穿着麻制的孝服，戴着白帽子，最后来吊唁。孙叔敖当即整理好衣帽出来接见了他，对老人说："楚王不知道我没有才能，让我担任令尹这样的高官，人们都来祝贺，只有您来吊丧，莫非是有什么要指教？"老人说："是有话说。当了大官，对人骄傲，百姓就要离开他；职位高而大权独揽的人，国君就会厌恶他；俸禄优厚，却不满足，祸患就会降临到他身上。”孙叔敖向老人拜了两拜，说：“我诚恳地接受您的指教，还想听听您其余的意见。”老人说：“地位越高，为人越要谦恭；官职越大，越要小心谨慎；俸禄已很丰厚，就要谨慎而不再索取分外财物。您要能严格地遵守这三条，就能够把楚国治理好。”

点 评

晋代葛洪有言：“劳谦虚己，则附之者众；骄慢倨傲，则去之者多。”意思是说：谦虚温和的人，就会很有人缘；骄纵傲慢的人，就会被人疏远。事实又何尝不是这样呢？千百年来，因为谦虚而受益成事的事例数不胜数：孔子“每事问”终成一代圣人，齐己拜郑谷为“一字师”而使得那首《早梅》千秋争艳，更有这里的子击因为能够谦虚受教而终于把魏国的百年霸业进一步推向巅峰，孙叔敖谦虚地接受老人的教诲终成一代名相而美名千古流传……

徙木立信

令既具未布[①]，恐民之不信，乃立三丈之木于国都市南门，募民有能徙置北门者予十金[②]。民怪之，莫敢徙。复曰："能徙者予五十金。"有一人徙之，辄予五十金[③]。乃下令。

（周纪二）

【注释】

①令：指商鞅变法的条令。　具：完备，准备就绪。　布：公布，颁布。

②徙：迁移。　置：放置。　金：古代货币单位。先秦以黄金二十两（一说二十四两）为一镒（yì），一镒即一金。后来称银一两为一金。

③辄：立即，就。

【译文】

商鞅变法的条令已准备就绪，但还没有正式公布，有点担心百姓不相信。于是，就在国都集市的南门竖起一根三丈高的木头，然后征集有能把这根木头搬到北门的人，如能搬到北门就赏十两银子。老百姓对这事感到很奇怪，没有谁敢去搬。于是，商鞅又说："能搬走木头的人赏五十两银子。"这时有一个人搬了木头，于是，商鞅就赏给了他五十两银子。然后才颁布了那些变法的条令。

扩展阅读

幽王失德

褒姒不好笑[①]，幽王欲其笑万方[②]，故不笑[③]。幽王为烽燧大鼓[④]，有寇至则举烽火[⑤]。诸侯悉至，至而无寇，褒姒乃大笑。幽王说之[⑥]，为数举烽火[⑦]。其后不信，诸侯益亦不至。

（《史记·周本纪》）

【注释】

①褒姒（bāo sì）：周幽王的王后。

②万方：种种方法。

③故：仍，还是。

④烽燧：是古代军情报警的一种措施，即敌人白天侵犯时就燃烟（烽），夜间来犯就点火（燧），以可见的烟气和光亮向各方与上级报警。

⑤举：点燃。

⑥说：通“悦”。

⑦数：多次。

【译文】

褒姒不大爱笑，幽王为了让她笑用尽了各种办法，褒姒还是不怎么笑。周幽王时，在边境设置了烽火狼烟和大鼓，如有敌人来侵犯就点燃烽火示警。周幽王为了让褒姒笑，就点燃了烽火，诸侯一见到烽火，就全都赶来了，赶到之后，却不见有敌寇，褒姒看到这种情景就哈哈大笑起来。幽王对此很是高兴，于是就又多次点燃烽火。后来诸侯们都不相信了，也就渐渐地不来了。

点评

人生不能没有诚信，不是吗？商鞅“立木取信”，一诺五十金，而使变法成功，国富民强；周幽王烽火戏诸侯，居上无信，结果自取其辱，身死国亡，贻笑千秋。这一切，无不以鲜明的事实警醒着每一位后来者：诚信不可丢，否则，不仅会“丢人”，还会丢国呢！

所以，很多有识之士很重视诚信教育，我们少年时听到的“狼来了”的故事，就是诚信教育的第一课。“民无信不立”“人而无信，不知其可也”“信则人任也”“与朋友交而不信乎？”老祖宗们也一直是这样教育我们的。尽管现实中缺乏诚信的现象依然存在，但同时也有很多诚信的美好故事在发生着，它们犹如在夜空中的星辰一样可以照亮我们灵魂的黑洞，让我们相信这个世界的美好，即使遭受了欺骗，也永远会有那些诚信的星辰闪亮在人性的夜空中，让我们的灵魂不至于迷路。

威王论宝

齐威王、魏惠王会田于郊①。惠王曰："齐亦有宝乎？"威王曰："无有。"惠王曰："寡人国虽小，尚有径寸之珠，照车前后各十二乘者十枚。岂以齐大国而无宝乎？"威王曰："寡人之所以为宝者与王异。吾臣有檀子者，使守南城，则楚人不敢为寇，泗上十二诸侯皆来朝②。吾臣有盼子者，使守高唐③，则赵人不敢东渔于河。吾吏有黔夫者，使守徐州，则燕人祭北门④，赵人祭西门，徙而从者七千余家。吾臣有种首者，使备盗贼，则道不拾遗。此四臣者，将照千里，岂特十二乘哉⑤！"惠王有惭色。

（周纪二）

【注释】

①会田：会猎。　"田"同"畋"，打猎。

②泗：河名，主流在山东境内。

③高唐：在今山东省西北部。

④祭北门：面对徐州的北门祭祀求福。因为燕在徐州之北，所以只能祭其北门。

⑤岂特：岂止。

【译文】

齐威王、魏惠王在郊野约会狩猎。魏惠王问："齐国也有什么宝贝吗？"齐威王说："没有。"魏惠王说："我的国家虽小，尚有十颗直径一寸以上、可以照亮前后各十二辆车子的大珍珠。以齐国之大，难道能没有宝贝？"齐威王说："我对宝贝的看法和你可不一样。我的大臣中有位檀子，派他镇守南城，楚国不敢来犯，泗水流域的十二个诸侯国都来朝贺。我的大臣中还有位盼子，让他镇守高唐，赵国人怕得不敢向东到黄河边来打渔。我的官吏中有位黔夫，派他守徐州，燕国人在北门、赵国人在西门望空礼拜求福，相随来投奔的多达七千余家。我的大臣中有位种首，让他防备盗贼，便出现路不拾遗的太平景象。这四位大臣，光照千里，又岂止是十二辆车子呢！"魏惠王听了十分惭愧。

扩展阅读

马后论宝

马后闻得元府库输其货宝至京师[①]，问太祖曰[②]："得元府库何物？"太祖曰："宝货耳。"后曰："元有是宝，何以不能守而失之？盖货财非宝，抑帝王自有宝也。太祖曰："皇后之意，朕知之矣，但谓以得贤为宝耳。"后曰："妾每见人家产业厚则骄生，时命顺则逸生，家国不同，其理无二。故世传：技巧为丧国斧斤[③]，珠玉为荡心鸩毒[④]，诚哉是言。但得贤才，朝夕启沃[⑤]，共保天下，则大宝也。"

（《典故纪闻》[⑥]）

【注释】

①马后：马皇后，朱元璋的皇后。

②太祖：明太祖朱元璋。

③斧斤：泛指工具、利器。

④荡心：惑乱心志。　鸩（zhèn）毒：毒酒，毒害。

⑤启：启发。　沃：浸泡，意为影响。　启沃：竭诚开导、辅佐君王。

⑥《典故纪闻》：明代学人余继登所著野史名著。

【译文】

马皇后听说元朝府库里的财宝运到了京城，便问太祖说："得到了元朝府库的什么东西呀？"太祖说："不过都是些珍宝财物罢了。"马皇后说："元朝有这样的珍宝，为什么无法守护而丢失了呢？看来财物不是珍宝，而帝王却有他自己的珍宝。"太祖说："皇后的意思我知道了，只是说得到贤德人才才是宝。"皇后说："我往往看到有些人家产业一丰厚就骄横起来，时运顺利就贪图安逸。家与国虽然有所不同，但它们的道理却没有什么两样呀。所以世代所说的奇技淫巧是亡国的利器，珠宝玉器是蛊惑人心的毒药，这话说得真有道理啊！只有得到贤明而有才能的人，让君王早晚都能听到诤谏忠告，君臣共同努力保住江山，这才是最珍贵的财宝啊！"

点　评

古人深切地告诫我们："技巧为丧国斧斤，珠玉为荡心鸩毒。"作为一个统治者，只有明乎此，才可能像齐威王那样所宝惟贤，把人才都放在最能发挥作用的地方，使之成为"光照千里"的"国宝"，从而使他们创造出最大的财富。

张良遇知

楚王景驹在留[①]，沛公往从之[②]。张良亦聚少年百余人，欲往从景驹，道遇沛公，遂属焉。沛公拜良为厩将[③]。良数以太公兵法说沛公[④]，沛公善之，常用其策。良为他人言，皆不省[⑤]。良曰："沛公殆天授[⑥]！"故遂从不去。

（秦纪三）

【注释】

①景驹：秦末农民战争时的楚王。　留：古地名。

②沛公：刘邦。

③厩将：管理军马的官。

④太公兵法：古代著名兵书。

⑤省：领悟。

⑥殆：大概。

【译文】

楚王景驹驻居留地时，刘邦前去归附。张良也聚集青年一百多人，打算去投奔景驹，途中遇到刘邦，就归属了他。刘邦授予张良厩将之职。张良多次用《太公兵法》的道理向刘邦献策，刘邦很赏识他，常常采用他的计策。张良向其他人讲述《太公兵法》，那些人都不能领悟。张良因此说道："沛公大概是天才吧！"于是便留下来不再离开。

扩展阅读

国士豫让

豫让之友谓豫让曰[①]："子之行何其惑也？子尝事范氏、中行氏[②]，诸侯尽灭之，而子不为报；至于智氏[③]，而子必为之报，何故？"豫让曰："我将告子其故。范氏、中行氏，我寒而不我衣，我饥而不我食，而时使我与千人共其养，是众人畜我也[④]。夫众人畜我者，我亦众人事之。至于智氏则不然，出则乘我以车，入则足我以养，众人广朝，而必加礼于吾所，是国士畜我也[⑤]。夫国士畜我者，我亦国士事之。"豫让，国士也，而犹以人之于己也为念，又况于中人乎？

（《吕氏春秋·季冬纪·不侵》）

【注释】

①豫让：春秋战国时晋国人，晋卿智瑶的家臣。

②范氏：春秋时期晋国大夫之后。　中行氏：春秋时期晋国六卿之一。

③智氏：晋卿智瑶。

④众人：把……当普通人。　畜：收容。

⑤国士：国中才能出众的人。

【译文】

豫让的朋友对豫让说："您的做法多么糊涂呀。您曾经侍奉过范氏、中行氏，诸侯把他们都灭掉了，而您不曾为他们报仇；至于智氏，您却一定要为他报仇，为什么呢？"豫让说："我将告诉您其中的缘故。范氏、中行氏，我冷而不给我衣穿，我饿而不给我食物吃，经常给我与其所供养的上千人一样的待遇，是把我当作普通人对待了。把我当普通大众那样对待我的人，我也当普通大众那样为他做事。到了智氏这里就不一样了，出门他让我坐车，进门给我足够的供养，大庭广众下，一定对我给予礼遇，这是以国士来待我呀。以国士之礼对我的人，我也以国士的水准为他办事。”豫让是才能出众的人，尚且把人家对待自己的态度放在心上，又何况是一般人呢？

点评

这个世界上总有许多人爱抱怨别人对自己不够好，或者是觉得别人不懂得给自己一些回报，其实，他们就没有想到：自己对别人好不好？因为很多东西都是相互的，尤其是感情。不是吗？就像张良，本来是奔着景驹去的，却因为遇知于刘邦而乐意为之效劳一生，可以说刘邦的成功离不开张良这位“运筹策帷帐之中，决胜千里外”的谋士的功劳；豫让之所以能够真心回报智氏又何尝不是这样呢？“夫国士畜我者，我亦国士事之”，用最通俗的话来说，也就是你待我好，我也待你好！那么，当你希望他人对你忠心的时候，你就要先考虑自己是不是他人的知己，他人最需要帮助的时候是不是能够效劳。否则，就不要奢想那些意外的回报！

王陵之母

王陵者，沛人也，先聚党数千人[①]，居南阳，至是始以兵属汉。项王取陵母置军中，陵使至，则东乡坐陵母[②]，欲以招陵。陵母私送使者[③]，泣曰："愿为老妾语陵：善事汉王，汉王长者，终得天下，毋以老妾故持二心[④]。妾以死送使者！"遂伏剑而死。

（汉纪一）

【注释】

①党：同一乡里的人。

②乡：通"向"，朝着。

③私：暗中。

④毋：不要。

【译文】

王陵是沛县人，早先曾聚集同乡几千人，住在南阳，从这时起带领他的部队归属了汉王刘邦。项羽便把王陵的母亲抓到军中，王陵为此派出的使者来到项羽的军营后，项羽就让王陵的母亲面向东而坐，想要借此招降王陵。王陵母亲私下里为使者送行，老泪纵横地说："望您替我告知王陵：好好地辅佐汉王，汉王是宽厚大度的人，终将取得天下。不要因为我的缘故而对汉王怀有二心。我用一死来送使者您！"说完就伏剑自杀了。

扩展阅读

田母拒金

田子为相，三年归休[①]，得金百镒奉其母[②]。母曰："子安得此金？"对曰："所受俸禄也。"母曰："为相三年，不食乎？治官如此，非吾所欲也。孝子之事亲也，尽力至诚，不义之物，不入于馆[③]。为人臣不忠，是为人子不孝也。子其去之[④]。"田子愧惭，走出，造朝还金[⑤]，退请就狱[⑥]。王贤其母[⑦]，说其义[⑧]，即舍田子罪，令复为相，以金赐其母。

（《韩诗外传》[⑨]）

【注释】

①归休：休假回家。

②镒（yì）：二十两。

③馆：这里指家。

④去：拿走。

⑤造：往，到。

⑥就狱：进监狱。

⑦贤：认为……贤良。

⑧说：通"悦"。

⑨《韩诗外传》：作者为韩婴，曾任汉文帝博士。

【译文】

田子当宰相，三年后休假回家，得到两千两金子献给他的母亲。母亲问他说："你从哪里得到这些金子？"他回答说："这是我当官的俸禄。"母亲说："当宰相三年就不吃饭吗？做官像这个样子，不是我所希望的。孝顺的儿子侍奉父母应该努力做到十分诚实。不应当得到的东西，不要拿进家门。身为大臣不忠诚，也就是身为人子不孝顺。你赶快拿走它。"田子很惭愧地跑了出去，上朝退还金子，请求把自己送进监狱。君王认为他母亲很贤慧，喜欢她的义气，就赦免了田子的罪，还叫他当宰相，把金子赏给了他的母亲。

点评

孟母为了孟轲的成才而三迁其家，终于让孟轲成为一代学人。这里的王陵之母更为伟大，为了支持儿子的事业不让他分心，她不惜自杀殒身，而田子之母则教育田子为官要清廉……伟大的母爱总是能让我们动容。

缇萦救父

齐太仓令淳于意有罪[①]，当刑[②]，诏狱逮系长安[③]。其少女缇萦上书曰："妾父为吏，齐中皆称其廉平；今坐法当刑[④]。妾伤夫死者不可复生，刑者不可复属，虽后欲改过自新，其道无繇也[⑤]。妾愿没入为官婢，以赎父刑罪，使得自新。"

（汉纪七）

【注释】

①淳于意：西汉初齐临淄（今山东淄博东北）人。

②刑：这里指肉刑，即施加于罪犯或犯过者的肉体的惩罚。

③诏狱：就是由皇帝直接掌管的监狱。　系：拘禁。

④坐法：犯法获罪。

⑤繇：通"由"。

【译文】

齐国太仓令淳于意犯了罪，当处以肉刑，被逮捕拘押在长安诏狱。他的小女儿缇萦向皇帝上书说："我父亲做官，齐国人都称赞他廉洁公平；现在他犯了罪，按法律应判处肉刑。我悲伤的是，死人不能复生，受刑者残肢不能再接，即使以后想改过自新，也没有办法了。我愿意入官府做官婢，以抵赎我父亲该受的刑罚，使他得以改过自新。"

扩展阅读

陈遗至孝

吴郡陈遗，家至孝。母好食铛底焦饭[①]，遗作郡主簿，恒装一囊[②]，每煮食，辄贮录焦饭，归以遗母[③]。后值孙恩贼出吴郡，袁府君即日便征，遗已聚敛得数斗焦饭[④]，未展归家，遂带以从军。战于沪渎，败，军人溃散，逃走山泽，皆多饥死，遗独以焦饭得活。时人以为纯孝之报也。

（《世说新语·德行》）

【注释】

①铛（chēng）：锅。

②恒：常常。

③遗（wèi）：给予。

④遗：陈遗。下文的“遗”同样指陈遗。

【译文】

吴郡人陈遗，在家里非常孝顺。他母亲喜欢吃锅巴，陈遗在郡里做主簿的时候，总是收拾好一个口袋，每逢煮饭，就把锅巴储存起来，回家就送给母亲。后来遇上孙恩偷袭吴郡，袁府君当即出兵征讨。这时陈遗已经积攒到几斗锅巴，来不及回家，便带着随军出征。双方在沪渎开战，结果袁府君被打败了。军队溃散，逃跑到山林沼泽中，大多数人都死于饥饿，只有陈遗依靠锅巴得以活了下来。当时的人认为这是对他纯厚孝心的报答。

点 评

作为子女，该怎样报答父母的养育之恩？其实，古代的缇萦和陈遗早就为我们树立了不朽的榜样，那就是凡事要学着多为父母想想。虽然行孝并不一定都要像缇萦那样轰轰烈烈，也不一定像当代孝子田世国捐肾救母那样，但是我们至少可以像陈遗那样把父母爱吃的是什么时常记挂心上，有空了多和他们聊聊天，让他们的物质充裕，精神愉快……这样的孝心相信谁都能献上。

苏武牧羊

初，苏武既徙北海上[1]，禀食不至[2]，掘野鼠、去草实而食之。杖汉节牧羊[3]，卧起操持，节旄尽落[4]。武在汉，与李陵俱为侍中[5]；陵降匈奴，不敢求武。久之，单于使陵至海上。为武置酒设乐，因谓武曰："单于闻陵与子卿素厚，故使来说足下，虚心欲相待。终不得归汉，空自苦；亡人之地，信义安所见乎！足下兄弟二人，前皆坐事自杀[6]；来时，太夫人已不幸；子卿妇年少，闻已更嫁矣；独有女弟二人、两女、一男，今复十余年，存亡不可知。人生如朝露，何久自苦如此！陵始降时，忽忽如狂[7]，自痛负汉，加以老母系保宫[8]。子卿不欲降，何以过陵！且陛下春秋高[9]，法令无常，大臣无罪夷灭者数十家。安危不可知，子卿尚复谁为乎！"武曰："武父子无功德，皆为陛下所成就，位列将，爵通侯，兄弟亲近，常愿肝脑涂地。今得杀身自效，虽斧钺、汤镬[10]，诚甘乐之！臣事君，犹子事父也；子为父死，无所恨。愿勿复再言！"

（汉纪十五）

【注释】

①苏武：西汉大臣。奉命以中郎将持节出使匈奴，被扣留。　北海：今贝加尔湖。

②禀食：官家给食。

③汉节：汉代使臣所持的节由皇帝授予，是国家的象征。

④节旄：符节上装饰的牦牛尾。

⑤李陵：字少卿，西汉将领，李广之孙。曾率军与匈奴作战，战败投降匈奴。

⑥坐事：因事犯罪。

⑦忽忽：失意的样子。

⑧系：拘禁。　保宫：拘禁犯罪官吏的监狱。

⑨春秋：年龄。

⑩斧钺：古代军中刑具。　汤：滚开的水。　镬：古代的大锅。　汤镬：古代一种酷刑，把犯人投入滚水中煮死。泛指各种酷刑。

【译文】

当初，苏武被放逐到北海边以后，得不到粮食供应，便挖掘野鼠，吃鼠洞中的草籽。他手持汉朝的符节牧羊，无论睡卧还是起身都带着它，以致节杖上的毛缨全部脱落了。苏武在汉朝时，与李陵同为侍中，李陵投降匈奴后，不敢求见苏武。过了很长时间，单于派李陵来到北海边，为苏武摆下酒筵，并以乐队助兴。趁机对苏武说："单于听说我与你一向情谊深厚，所以派我来劝你，单于愿意对你虚心相待。你终究不能再回汉朝，自己白白受苦在这荒无人烟的地方，你的信义节操，又有谁看到呢！你的两个兄弟，先前都已因罪自杀；我来此时，你母亲也已不幸去世；你的夫人年轻，听说已经改嫁别人了；只剩下两个妹妹、两个女儿、一个儿子，如今又过了十几年，是否还在人世，不得而知。人的一生，就像早晨的露水一般短暂，你又何必长久地这样自讨苦吃呢！我刚投降匈奴时，精神恍惚，像要发疯，恨自己辜负汉朝，还连累老母被拘禁牢狱。你不愿归降匈奴的心情，怎么会超过我！况且皇上年事已高，法令变化无常，大臣无罪而被抄斩满门的达数十家。安危不可知，你还要为谁这样做呢！"苏武说："我父子本无才德功绩，全靠皇上栽培，才得以身居高位，与列侯、将军并列，且使我们兄弟得以亲近皇上，所以我常常希望能够肝脑涂地，报答皇上的大恩。如今得以杀身报效皇上，那么即便是斧钺加身，汤锅烹煮，我也心甘情愿！为臣的侍奉君王，就如同儿子侍奉父亲一般，儿子为父亲而死，没有遗憾。希望你不要再说了。"

扩展阅读

孔子不式

荆伐陈[①]，陈西门坏，因其降民使修之，孔子过而不式[②]。子贡执辔而问曰[③]："礼[④]，过三人则下，二人则式。今陈之修门者众矣，夫子不为式，何也？”孔子曰：“国亡而弗知，不智也；知而不争，非忠也；争而不死，非勇也。修门者虽众，不能行一于此[5]，吾故弗式也。”

（《韩诗外传》）

【注释】

①荆：楚国。　陈：陈国。

②式：通“轼”，车前扶手的横木。这里指乘车者身靠横木，表示敬意的一种礼节。

③执辔：拿（握）着缰绳。

④礼：《礼记》。

⑤一：指孔子所言中的任一点。

【译文】

楚国讨伐陈国，陈国的西门被打坏，楚国人就让投降的陈国百姓来修复。孔子路过时没有对他们行式礼。子贡拿着缰绳问孔子说：“《礼记》上说，遇到三人就应该下车，遇到两人就应该行式礼。现在陈国修城门的人很多，您却不行式礼，这是为什么呢？”孔子说：“自己的国家灭亡了都不知道，这是不聪明；知道了却不反抗，这是不忠于国家；不以死相争，是没有勇气。修城门的人虽然多，却没有一个能做到我说的其中的一点，所以我不对他们行式礼。”

点　评

面对朔风凛冽，他与冷月作伴；面对荣华富贵，他用行动作出承诺；面对威胁劝降，他用心灵作出答复。在生存与死亡之间，他选择了后者；在富贵与贫困之间，他选择了后者；在屈服与坚守之间，他同样选择了后者！历史不能忘记，北海的苏武，那个流放于荒山野原的铁血男儿，用不屈和铮铮傲骨作出了最完美的诠释；用坚守与执著，挥洒了一曲可歌可泣的壮丽诗篇；用真诚和忠心，描绘了一幅名传千古的不朽画卷。苏武用心灵作出了回答，“富贵不能淫，贫贱不能移，威武不能屈”，道出了做人的底线。也正是这样，他的故事才能千古流传；反之，那些轻易就变节，不知道爱国的麻木者，则会钉在历史的耻辱柱上，永远不被原谅。

疏广散金

或劝广以其金为子孙颇立产业者[1]，广曰："吾岂老悖不念子孙哉！[2]顾自有旧田庐[3]，令子孙勤力其中，足以共衣食[4]，与凡人齐。今复增益之以为赢余，但教子孙怠堕耳。贤而多财，则损其志；愚而多财，则益其过。且夫富者众之怨也，吾既无以教化子孙，不欲益其过而生怨。又此金者，圣主所以惠养老臣也，故乐与乡党、宗族共飨其赐[5]，以尽吾余日，不亦可乎！"于是族人悦服。

（汉纪十七）

【注释】

①广：指疏广，字仲翁，西汉名臣。　金：疏广辞职时皇帝和太子分别赠送了很多金子。

②老悖：年老昏乱，不通事理。

③顾：考虑。

④共：通"供"。

⑤飨：同"享"，享用。

【译文】

有人劝疏广用黄金为子孙购置一些产业，疏广说："我难道是年老糊涂不顾念子孙吗？我想到，我家原本就有土地房屋，让子孙们在上面勤劳耕作，就足够供他们饮食穿戴，过与普通人同样的生活。如今再要增加产业来使他们有盈余，只会使子孙们懈怠懒惰。贤能的人，如果财产太多，就会磨损他们的志气；愚蠢的人，如果财产太多，就会增加他们的过错。况且富有的人是众人怨恨的目标，我既然无法教化子孙，就不愿增加他们的过错而让人们对他们产生怨恨。再说这些金钱，是皇上用来恩养老臣的，所以我愿与同乡、同族的人共享皇上的恩赐，以度过我的余生，不也很好吗？”于是族人都心悦诚服。

扩展阅读

清白遗风

勉虽居显职[①]，不营产业，家无蓄积，俸禄分赡亲族之穷乏者。门人故旧或从容致言[②]。勉乃答曰：“人遗子孙以财[③]，我遗之以清白。子孙才也，则自致辎軿[④]；如其不才，终为他有。”

（《梁书·列传》[⑤]）

【注释】

①勉：徐勉，字修仁，东海郯人。南朝梁时政治家。

②或：有的人。

③遗：遗留。

④辎軿：指在车箱四周设有布帘屏蔽的车子。这里借指财富。

⑤《梁书》：它主要记述了南朝萧齐末年的政治和萧梁皇朝（502—557年）五十余年的史事，由南朝姚察及其子姚思廉（先后在梁、陈、隋三朝做官）两代人辛勤撰写完成。

【译文】

徐勉虽然官居高位，但他不治自己的家产，家中没有积蓄，所得的俸禄都分给亲戚中缺衣少食的。他的门生、老朋友中有人就问他为什么要这样呢。徐勉回答说:“别人给子孙留下财产,我给子孙留下清白。如果子孙有才能,自然可以得到财富;如果子孙没有才能,有了的财富也会成为别人的。”

点评

让孩子生活富裕,可以说是中国所有父母的愿望,而为了实现这一愿望,他们的做法却不一样,有人是拼命为子孙置产业,有人是教育孩子当自强,毫无疑问,后者才是做父母的优秀榜样,诚如《红楼梦》中所言:“训有方,保不定日后做强梁;择膏粱,谁承望流落在烟花巷!”其实,古代有识之士都曾把这些道理作为教育子孙的主张,比如汉代的疏广、南朝的徐勉,他们都明白:子孙不如我,置上奈若何。子孙比我强,不置也无妨。这一点,值得所有做父母的反思,反思到底留给孩子们什么——富有的家产还是自强不息的理想?

董宣强项

陈留董宣为雒阳令①。湖阳公主苍头白日杀人②，因匿主家，吏不能得③。及主出行，以奴骖乘④，宣于夏门亭候之，驻车叩马，以刀画地，大言数主之失；叱奴下车，因格杀之。主即还宫诉帝⑤，帝大怒，召宣，欲棰杀之⑥。宣叩头曰："愿乞一言而死。"帝曰："欲何言？"宣曰："陛下圣德中兴，而纵奴杀人，将何以治天下乎？臣不须棰，请得自杀！"即以头击楹⑦，流血被面⑧。帝令小黄门持之⑨。使宣叩头谢主，宣不从；强使顿之，宣两手据地，终不肯俯。主曰："文叔为白衣时⑩，藏亡匿死，吏不敢至门；今为天子，威不能行一令乎？"帝笑曰："天子不与白衣同！"因敕："强项令出！⑪"赐钱三十万。

（汉纪三十五）

【注释】

①雒阳：洛阳。

②湖阳公主：光武帝刘秀的姐姐。　苍头：奴仆。

③得：逮捕。

④骖乘：陪乘。

⑤主：湖阳公主。
⑥棰杀：用棍棒打死。
⑦楹：堂屋前部的柱子。
⑧被：覆盖。
⑨小黄门：汉代低于黄门侍郎一级的宦官。
⑩文叔：刘秀的字。
⑪强（qiáng）项：颈项僵直，借指刚正不为威武所屈。

【译文】

陈留人董宣担任洛阳令。湖阳公主的奴仆白天杀了人，就藏在公主家里，官吏不能逮捕他。后来公主出门，让这奴仆陪同乘车。董宣就在夏门亭等候，叫车停下，上前扣住了马缰绳，用刀划着地，大声数落公主的过失，怒喝那奴仆下车，接着就杀死了他。公主立即回宫告诉了刘秀。刘秀大怒，召董宣前来，要用刑杖把他打死。董宣叩头说：“我请求说句话再死。”刘秀说：“打算说什么？”董宣说：“陛下圣德，复兴汉室，却放纵奴仆杀人，将怎么治理天下呢？我不等着被打死，请让我自杀吧！”就拿头撞门柱，流了一脸的血，刘秀忙命太监拽住他。后来让董宣叩头向公主道歉，董宣不服从，就叫人使劲按他的脑袋。董宣两手撑着地面，到底不肯低头。公主就对刘秀说：“你当平民百姓的时候，窝藏逃犯，官吏不敢上门来找；现在当了皇帝，威权就不能行使在一个县令的身上吗？”刘秀笑着说：“天子跟平民不同！”接着命令：“硬脖子县令出去吧！”并赏钱三十万。

扩展阅读

释季执法

上行出中渭桥，有一人从桥下走出[①]，乘舆马惊。于是使骑捕，属之廷尉[②]。释之治问[③]。曰：“县人来，闻跸[④]，匿桥下。久之，以为行已过，即出，见乘舆车骑，即走耳。”廷尉奏当[⑤]，一人犯跸，当罚金。文帝怒曰：“此人亲惊吾马，吾马赖柔和[⑥]，令他马，固不败伤我乎？而廷尉乃当之罚金！”释之曰：“法者，天子所与天下公共也。今法如此而更重之[⑦]，是法不信于民也。且方其时，上使立诛之则已。今既下廷尉，廷尉，天下之平也，一倾而天下用法皆为轻重，民安所措其手足[⑧]？唯陛下察之。”良久，上曰：“廷尉当是也。”

（《史记·张释之冯唐列传》）

【注释】

①走：跑。

②属（zhǔ）：通“嘱”，交付。

③释之：即张释之，字季，西汉人，以执法公正不阿闻名。治问：审问。

④跸（bì）：古代帝王出行时要先清道，禁止他人通行。

⑤当：判决，判处。

⑥赖：幸亏。　柔和：柔顺温和。

⑦更：变更，改变。

⑧措：放。

【译文】

皇帝出巡经过中渭桥时，有一个人突然从桥下跑了出来，文帝驾车的马受了惊。于是皇帝便命令骑士捉住这个人，交给了廷尉。张释之负责审问。那人说："我是长安县的乡下人，听到了清道禁止人通行的命令，就躲在桥下。过了好久，以为皇帝的队伍已经过去了，就从桥下出来，一下子撞见了皇帝的车队，马上就跑了起来。"然后廷尉向皇帝报告那个人应得的处罚，说他触犯了清道的禁令，应处以罚金。文帝发怒说："这个人惊了我的马，幸亏我的马驯良温和，假如是别的马，说不定就摔伤了我，可是廷尉竟然才判处他罚金！"张释之说："法律是天子和天下人应该共同遵守的。现在法律就这样规定，却要再加重处罚，这样法律就不能取信于民。而在那时，皇上您让人立刻杀了他也就罢了。现在既然把这个人交给廷尉，廷尉是天下公正执法的带头人，稍一偏失，而天下执法者都会任意或轻或重，老百姓岂不会手足无措？希望陛下明察。"许久，皇帝才说："廷尉的判处是正确的。"

点　评

要想让社会良性发展，就必须走上法制化的进程，一切都按照法律条文进行。不管是管理国家，还是管理企业，以张释之和董宣那种执法如山的原则去遵守法律法规，无疑是稳固和发展的重要保证。

四知太守

震孤贫好学①，明欧阳《尚书》②，通达博览，诸儒为之语曰："关西孔子杨伯起。"教授二十余年，不答州郡礼命③，众人谓之晚暮，而震志愈笃。骘闻而辟之④，时震年已五十余，累迁荆州刺史、东莱太守。当之郡，道经昌邑，故所举荆州茂才王密为昌邑令⑤，夜怀金十斤以遗震⑥。震曰："故人知君，君不知故人，何也？"密曰："暮夜无知者。"震曰："天知，地知，我知，子知，何谓无知者！"密愧而出。

（汉纪四十一）

【注释】

①震：杨震，字伯起，东汉名儒。

②明：通晓。　欧阳：欧阳高，字子阳，是西汉名儒，以传授《尚书》（《今文尚书》）闻名。

③礼命：礼聘与任命。

④骘：即邓骘，东汉外戚。　辟：征召来任以官职。

⑤茂才：秀才。

⑥遗（wèi）：赠送。

【译文】

杨震自幼孤弱贫困而好学习，通晓欧阳氏解释的《尚书》，知识丰富而且博览群书，儒家学者们称他为“关西孔子杨伯起”。他教学授徒二十多年，不接受州郡官府的聘请征召。人们认为杨震年岁已大，步入仕途已晚，但他的志向却愈发坚定。邓骘听到杨震的名声以后，将他聘为幕僚。当时，杨震已经五十多岁，之后接连出任荆州刺史和东莱太守。在前往东莱郡的路上，途经昌邑，他先前所举荐的荆州秀才王密正担任昌邑县令。夜里，王密揣着十斤金子来送给杨震。杨震说：“故人了解你，你却不了解故人，这是为什么？”王密说：“黑夜之中，没有人知道。”杨震说：“天知，地知，我知，你知，怎能说没有人知道！”于是王密惭愧地出门走了。

扩展阅读

顾协拒饷

协少清介有志操①。初为廷尉正，冬服单薄，寺卿蔡法度谓人曰②：“我愿解身上襦与顾郎，恐顾郎难衣食者。”竟不敢以遗之。及为舍人③，同官者皆润屋④，协在省十六载，器服饮食不改于常。有门生始来事协，知其廉洁，不敢厚饷，止送钱二千⑤。协发怒，杖二十。因此事者绝于馈遗。

（《梁书·列传》）

【注释】

①协：顾协，字正休，又字正礼，南朝吴郡（今江苏苏州）人，历任散骑侍郎、鸿胪卿、中书通事舍人等。　清介：清正耿直。　志操：志向节操。

②寺卿：九寺大卿的简称。

③舍人：古代官职名称，指中书舍人。

④润屋：装饰房屋。

⑤止：通“只”。

【译文】

顾协少年时就清高耿介，有志向操守。他刚做廷尉正时，冬天穿的衣服很单薄，九寺大卿蔡法度对人说：“我愿把身上的短袄脱下来送给顾郎，又恐怕顾郎难以接受。”最终也没敢送。后来顾协任职中书通事舍人时，同他一起做官的都把住宅搞得很华丽，而顾协在中书省十六年，用器、衣服、饮食与过去没有什么变化。有一个门生刚当他的下属，知道他廉洁，不敢以厚礼相赠，只送了两千钱。顾协发怒，打了他二十棍子。于是，侍奉他的人再也没有敢送礼的了。

点 评

《中庸》有言：“君子戒慎乎其所不睹，恐惧乎其所不闻。莫见乎隐，莫显乎微，故君子慎其独也。”大意是说：一个人独处之际，在无人看见的地方要警惕谨慎，在无人听到的时候要格外戒惧，因为在隐晦之处容易表现出来不正当的情欲，所以君子更应严格要求自己。古代一些仁人君子也确实是这样做的，如杨震不受金礼，顾协杖责送礼的门人。

孙权劝学

初，权谓吕蒙曰[①]："卿今当途掌事[②]，不可不学！"蒙辞以军中多务。权曰："孤岂欲卿治经为博士邪！[③]但当涉猎，见往事耳。卿言多务，孰若孤？孤常读书，自以为大有所益。"蒙乃始就学。及鲁肃过寻阳[④]，与蒙论议，大惊曰："卿今者才略，非复吴下阿蒙！[⑤]"蒙曰："士别三日，即更刮目相待[⑥]，大兄何见事之晚乎！"肃遂拜蒙母，结友而别。

（汉纪五十八）

【注释】

①权：孙权。　吕蒙：三国时期东吴名将。

②当途：指掌握政权。　掌事：掌管事务。

③博士：古代专掌经学传授的学官。

④鲁肃：字子敬，东吴著名的军事统帅。　寻阳：在今湖北黄梅西南。

⑤吴下阿蒙：居处吴下一隅的吕蒙。比喻人学识尚浅。　吴下，现江苏长江以南。　阿蒙：指吕蒙。

⑥更：重新。

【译文】

当初，孙权对吕蒙说："你现在身任要职不能不学习。"吕蒙推辞说军中事多没有时间学习。孙权说："我难道是要你研究儒家经典，去做博士吗？我只是要你去浏览书籍，了解过去发生过的事情以资借鉴。你说事多，但谁会像我这样忙？我经常读书，自己觉得获得了很多好处。"于是吕蒙开始读书。等到鲁肃经过寻阳时，与吕蒙谈话，大吃一惊说："你今天的才干谋略，再不是吴郡的阿蒙了！"吕蒙说："士别三日，就应该换一种眼光相看，大哥为什么对这个道理明白得这么晚呢！"鲁肃就去拜见吕蒙的母亲，与吕蒙结为好友才分手。

扩展阅读

任末好学

任末年十四时[①]，学无常师，负笈不远险阻[②]。每言："人而不学，则何以成？"或依林木之下，编茅为庵[③]，削荆为笔，刻树汁为墨。夜则映星望月，暗则缚麻蒿以自照[④]。观书有合意者，题其衣裳，以记其事。门徒悦其勤学，更以净衣易之。非圣人之言不视。临终诫曰："夫人好学，虽死犹存；不学者，虽存，谓之行尸走肉耳！"

（《拾遗记》[⑤]）

【注释】

①任末：东汉学者、经学家和教育家。

②负笈：背着书箱。

③编茅为庵：用茅草编成小屋。

④缚麻蒿：指点燃绑好的麻蒿。

⑤《拾遗记》：东晋王嘉所著的志怪小说集。

【译文】

任末十四岁的时候，学习还没有固定的老师，常常背着书箱不怕路途遥远和重重危险地去求教。他常说："人如果不学习，那么凭什么成功呢。"求教途中他有时靠在林木下，用茅草编成小屋住宿，削荆条制成笔，刻划树汁作为墨。晚上就在星月下读书，昏暗的话就点燃绑好的麻蒿来给自己照亮。看书看到符合心意的地方，就写在他的衣服上来记住这件事。一同求学的人十分喜欢他的勤学，便用干净的衣服交换他的脏衣服。他不是圣人的书不看。临终时告诫世人说："人喜欢学习，即使死了也好像活着；不学的人，即便是活着，只不过是行尸走肉罢了。"

点 评

明代诗人于谦的《观书》诗云："书卷多情似故人，晨昏忧乐每相亲。眼前直下三千字，胸次全无一点尘。"的确如此，读书能滋润人的心灵，能纯洁人的灵魂，能增加人的智慧，能丰富人的理论，让乐读者的品行更为高洁、眼睛更为明亮、心胸更为开阔，从而，把乐读者锻铸成超拔脱俗之人。不是吗？看看这里的吕蒙，治学也就没有多久，鲁肃再见他之际竟发出惊叹的声音："非复吴下阿蒙。"看来，读书的确能让人日日新，时时新，难怪任末求学不辞险远，忘却劳辛，乃至"夜则映星望月，暗则缕麻蒿以自照"，因为他们深切地明白："夫人好学，虽死犹存；不学者虽存，谓之行尸走肉耳！"而这也正启发后人：读书不能延伸人生的长度，但可拓展人生的深度；读书不能改变人生的起点，但可以改变人生的终点。

蒋琬雅量

汉蒋琬为大司马[①]，东曹掾犍为杨戏[②]，素性简略[③]，琬与言论，时不应答。或谓琬曰：“公与戏言而不应，其慢甚矣！”琬曰：“人心不同，各如其面，面从后言，古人所诫。戏欲赞吾是邪，则非其本心；欲反吾言，则显吾之非，是以默然，是戏之快也。[④]”又督农杨敏尝毁琬曰[⑤]：“作事愦愦[⑥]，诚不及前人。”或以白琬，主者请推治敏[⑦]，琬曰：“吾实不如前人，无可推也。”主者乞问其愦愦之状，琬曰：“苟其不如，则事不理，事不理，则愦愦矣。”后敏坐事系狱，众人犹惧其必死，琬心无适莫，敏得免重罪。

（魏纪六）

【注释】

①蒋琬：三国时期著名的政治家、军事家。

②东曹掾：官名。　犍为：今四川省犍为县。

③简略：这里指直率。

④快：直爽，爽快。

⑤杨敏：三国时蜀国官吏，负责督农。　毁：诋毁。

⑥愦愦（kuì）：糊涂。

⑦推：审问，治罪。

【译文】

蒋琬担任大司马。东曹掾犍为人杨戏向来性情直率不拘礼节，蒋琬与他谈论，有时不应答。有人就对蒋琬说："您与杨戏说话而他不应答，他太傲慢了！"蒋琬说："人的内心不同，就像各自的面孔一样。而有的人当面顺从，背后说相反的话，这是古人的告诫。杨戏想要赞许我对呢，那不是他的本心；想要反对我的话，那就宣扬了我的错误，所以他沉默不语，这是杨戏为人直爽呀。"后来又有督农杨敏曾经诽谤蒋琬说："办事糊涂，实在不如以前的人。"有人把这话告诉了蒋琬，主管官员请求对杨敏追究治罪，蒋琬说："我实在有些糊涂，做事不如前人，没有什么可追究的。"主管官员请问他糊涂的表现，蒋琬说："如果我不如前人，那么政事办理不好，政事办理不好，那么就是糊涂了。"后来杨敏因事犯罪拘囚狱中，大家还担心他一定会死，而蒋琬内心没有厚薄，杨敏得以免掉了重罪。

扩展阅读

王旦大度

寇准数短旦[①]，旦专称准。帝谓旦曰："卿虽称其美，彼专谈卿恶。"旦曰："理固当然。臣在相位久，政事阙失必多[②]。准对陛下无所隐，益见其忠直，此臣所以重准也。"帝以是愈贤旦[③]。

（《宋史·王旦传》[④]）

【注释】

①短：指摘缺点，揭发过失。　旦：王旦，北宋大臣，官至丞相。

②阙：通"缺"。

③贤：认为……贤良。

④《宋史》：是二十五史之一，于元末至正三年（1343年）由丞相脱脱和阿鲁图先后主持修撰。

【译文】

寇准多次诋毁王旦，王旦却一直称赞寇准。一天皇上对王旦说道："你虽然夸他的好，他却总说你的坏。"王旦答道："道理本应当如此。我在丞相的位子久了，政务等事缺失错误肯定较多。寇准对皇上没有什么隐瞒，更可见此人的忠厚耿直，这就是我看重寇准的原因哪。"皇上因此而更加认为王旦是个贤臣了。

点 评

苍天是宽容的，正是容忍了风雨雷电的肆虐，才成就了她的深邃之美；大海是宽容的，正是容忍了惊涛骇浪的猖獗，才成就了她的辽阔之美；森林是宽容的，正是容忍了弱肉强食的规律，才成就了她的原始之美；宇宙是宽容的，正是容忍了星座裂变的更替，才成就了她的神秘之美；时间是宽容的，正是容忍了各色人等的生命，才成就了她的延续之美。可见，宽容是一种伟大的美德，无论是谁，只要想成就一番事业，就必须具有容人之量，显然，在这方面，蒋琬堪称楷模。他身为封建官吏，宽以待人，正派为官，所以在他为相期间，蜀国上下官员同心，社会安定，政通人和。王旦也是如此，时时处处展现了自己的人格魅力和领导风范，其气度与雅量堪称为官者的模范，至今仍值得我们学习和借鉴。

嵇康之死

山涛为吏部郎[①]，举康自代[②]；康与涛书，自说不堪流俗，而非薄汤、武[③]。昭闻而怒之[④]。康与东平吕安亲善，安兄巽诬安不孝，康为证其不然。会因谮[⑤]：“康尝欲助毋丘俭[⑥]，且安、康有盛名于世，而言论放荡，害时乱教，宜因此除之。”昭遂杀安及康。

（魏纪十）

【注释】

①山涛：字巨源，西晋人，“竹林七贤”之一。

②康：嵇康，字叔夜。三国时魏末文学家、思想家与音乐家。“竹林七贤”之一。

③非薄：非难鄙薄。　汤、武：商汤王和周武王，圣贤的代表。

④昭：西晋太祖文皇帝司马昭。

⑤会：钟会，字士季，颍川长社（今河南长葛东）人。　因：趁机。　谮（zèn）：诬陷，中伤。

⑥毋丘俭：字仲恭，毋丘兴子，后改丘姓，三国时魏国著名将领。

【译文】

山涛任吏部郎时，推荐嵇康代替自己；嵇康就给山涛写信，说自己不堪忍受流俗，又非难鄙薄商汤、周武王。司马昭听说后十分生气。嵇康与东平的吕安很是亲近友善，吕安之兄吕巽曾诬陷吕安不孝，嵇康为他作证说并非不孝。钟会就借此事诬告说："嵇康曾经想帮助毌丘俭，而且吕安、嵇康在世上享有盛名，但他们的言论放荡不羁，为害时俗，扰乱政教，应该乘此机会把他们除掉。"于是司马昭就杀了吕安和嵇康。

扩展阅读

嵇康为锻

初，康居贫[1]，尝与向秀共锻于大树之下[2]，以自赡给[3]。颍川钟会，贵公子也，精练有才辩，故往造焉。康不为之礼，而锻不辍。良久会去，康谓曰："何所闻而来？何所见而去？"会曰："闻所闻而来，见所见而去。"会以此憾之[4]。

（《晋书·嵇康传》[5]）

【注释】

①康：嵇康。

②向秀：字子期，河内怀（今河南武徙西南）人。"竹林七贤"之一。　锻：打铁。

③赡给：周济。

④憾：怨恨。

⑤《晋书》：记载了从司马懿开始到晋恭帝元熙二年为止，包括西晋和东晋的历史，是唐代编撰的官修史。

【译文】

起初，嵇康家境贫寒，曾经和向秀一起在大树下打铁，来补贴家用。颍川的钟会，是个出身高贵的公子，精明干练且有才华善辩论，曾去拜访嵇康。嵇康不以礼对待他，而是继续打铁不停下来。过了很久，钟会要离开了。嵇康对他说："你听到什么消息跑来的？又看到什么东西离开了？"钟会说："听到我所听到的东西而来，看到了我所看到的东西而离开。”钟会因此怨恨嵇康。

点评

嵇康，没有闪亮的开始，没有厚重的过程，但他用音乐，用傲骨，用品性，写下了当权者的懦弱，挺拔了读书人的自尊。于是，历史留下了中国知识分子骄傲而有个性的篇章——魏晋风骨。今天，作为后来者，我们读嵇康，绝不仅仅是读他的传奇，而是读他的灵魂，让我们学习该怎样坚持自我！

君子羊祜

羊祜归自江陵[①]，务修德信以怀吴人[②]。每交兵，刻日方战[③]，不为掩袭之计。将帅有欲进谲计者[④]，辄饮以醇酒，使不得言。祜出军行吴境，刈谷为粮，皆计所侵，送绢偿之。每会众江、沔游猎[⑤]，常止晋地，若禽兽先为吴人所伤而为晋兵所得者，皆送还之。于是吴边人皆悦服。

（晋纪一）

【注释】

①羊祜（hù）：字叔子，泰山南城（今山东费县西南）人。西晋开国元勋。

②怀：使降顺。

③刻日：约定日期。

④谲计：诡计。

⑤江、沔：长江、沔水。

【译文】

羊祜从江陵回来以后，致力于整治道德信义以使吴人归顺。每次与吴国交战，都要约定日期才开战，不使乘其不备、突然袭击的计谋。将帅当中有要献诡诈计谋的人，羊祜就给他喝醇厚的美酒，使他酒醉不能说话。羊祜的军队外出在吴境内行走，割了谷子做口粮，全都记下所取的数量，然后送去绢偿还。每次与部众在长江、沔水一带打猎，经常只限于晋的领地，如果禽兽先被吴人所杀伤而后被晋兵所得，都要送还吴人。于是吴国边境的百姓对羊祜心悦诚服。

扩展阅读

报怨以德

梁大夫有宋就者，尝为边县令，与楚邻界。梁之边亭与楚之边亭[①]，皆种瓜，各有数。梁之边亭人劬力，数灌其瓜[②]，瓜美。楚人窳而稀灌其瓜[③]，瓜恶。楚令因以梁瓜之美[④]，怒其亭瓜之恶也。楚亭人心恶梁亭之贤已，因夜往窃搔梁亭之瓜[⑤]，皆有死焦者矣。梁亭觉之，因请其尉，亦欲窃往报搔楚亭之瓜，尉以请宋就。就曰："恶！是何可？构怨召祸之道也[⑥]，人恶亦恶，何褊之甚也[⑦]。若我教子，必每暮令人往，窃为楚亭夜灌其瓜，勿令知也。"于是梁亭乃每夜窃灌楚亭之瓜。楚亭旦而行，瓜则又皆已灌矣，瓜日以美。楚亭怪而察之，则乃梁亭之为也。楚令闻之大悦，因具以闻楚王。楚王闻之，惄然愧[⑧]，以意自闵也[⑨]，告吏曰："微搔瓜者[⑩]，得无有他罪乎？此梁之阴让也。[⑪]"乃谢以重币，而请交于梁王。楚王时则称说梁王，以为信，故梁楚之欢，由宋就始。

（《新序·杂事》[⑫]）

【注释】

①边亭：乡以下的一种行政机构。
②劬（qú）：勤劳。
③窳（yǔ）：懒惰。
④楚令：楚国边地的县令。
⑤窃：偷偷地。　搔：翻动。
⑥构怨：结怨，结仇。
⑦褊（biǎn）：气量小。

⑧惄（nì）然：失意的样子。

⑨闵：哀伤。

⑩微：暗中察访。

⑪阴：暗中。　让：责备，谴责。

⑫《新序》：西汉刘向编撰的一部以讽刺为主要内容的故事类编。

【译文】

梁国有一位叫宋就的大夫，曾经做过一个边境县的县令，这个县和楚国相邻界。梁国的边亭和楚国的边亭都种瓜，各有各的方法。梁国边亭的人勤劳努力，经常浇灌他们的瓜田，所以瓜长得很好；楚国边亭的人懒惰，很少去浇灌他们的瓜，所以瓜长得不好。楚国县令因为看到梁国的瓜长得好，就怒责楚国边亭的人没有把瓜种好。楚国边亭的人心里忌恨梁国边亭的人瓜种得比自己好，于是夜晚偷偷去翻动他们的瓜，致使梁国的瓜总有枯死的。梁国边亭的人发现了这件事，于是请求县尉，也想偷偷前去报复，翻楚亭的田。县尉拿这件事向宋就请示，宋就说："唉！这怎么行呢？结下了仇怨，是惹祸的根苗呀。人家使坏你也跟着使坏，怎么心胸狭小得这样厉害！要让我教给你办法，一定在每晚都派人过去，偷偷地为他们在夜里好好地浇灌瓜园，不要让他们知道。"于是梁国边亭的人就在每天夜间偷偷地去浇灌楚国的瓜园。楚国边亭的人早晨去瓜园巡视，就发现都已经浇过水了，瓜也一天比一天长得好了。楚国边亭的人感到奇怪，就注意查看，才知是梁国边亭的人干的。楚国县令听说这件事很高兴，于是详细地把这件事报告给楚王。楚王听了之后，又忧愁又惭愧，把这事当成了自己的心病。于是告诉主管官吏说："调查一下那些到人家瓜田里捣乱的人，他们莫非还有其他罪过吗？这是梁国人在暗中责备我们呀。"于是拿出丰厚的礼物，向宋就表示歉意，并请求与梁王结交。楚王时常称赞梁王，认为他能守信用。所以说，梁楚两国的友好关系，是从宋就开始的。

点 评

两军敌对的时候，金戈铁马也许能让对手惧怕，但未必能让他们心悦诚服，就像凛冽的寒风只能让人们把自己“武装”起来；而用高尚的行为善待对手，虽然不能震慑对手，但是，却能感化他们，就像和煦的春风总能让人敞开胸怀。那么，不言而喻，“务修德信”才是臣服对手的妙药灵丹，不是吗？西晋的羊祜就是这样的，即使作战他也“不为掩袭之计”，且“出军行吴境，刈谷为粮，皆计所侵，送绢偿之”。用这样的姿态来对待对手，怎么不会让“吴边人皆悦服”呢？其实，也正是这种“润物细无声”的方式，用经年累月的时间，使吴国人对晋国的敌意越来越小。他的作为，自然也就为晋国日后武力收服吴国打下了良好的基础。可见风雨雷电固然气势磅礴，但效果未必就好；润物细无声虽显得很不起眼，但往往效果惊人。宋就也是运用类似的方式以德报怨，以德感人，同样收到了类似的效果：“请交于梁王，楚王时则称说梁王以为信，故梁楚之欢，由宋就始。”所以，无论是谁，都不要忽略了“务修德信”的作用，在战争中，它可以不战而屈人之兵，在生活中，它可以减少你的敌人。恰如刘长卿所言：“细雨湿衣看不见，闲花落地听无声。”

击楫中流

初，范阳祖逖[①]，少有大志，与刘琨俱为司州主簿[②]，同寝，中夜闻鸡鸣，蹴琨觉曰[③]："此非恶声也！"因起舞。及渡江，左丞相睿以为军谘祭酒[④]。逖居京口，纠合骁健，言于睿曰："晋室之乱，非上无道而下怨叛也，由宗室争权，自相鱼肉，遂使戎狄乘隙[⑤]，毒流中土。今遗民既遭残贼，人思自奋，大王诚能命将出师，使如逖者统之以复中原，郡国豪杰[⑥]，必有望风响应者矣！"睿素无北伐之志，以逖为奋威将军、豫州刺史，给千人廪[⑦]，布三千疋，不给铠仗[⑧]，使自召募。逖将其部曲百余家渡江[⑨]，中流，击楫而誓曰："祖逖不能清中原而复济者，有如大江！"遂屯淮阴，起冶铸兵[⑩]，募得二千余人而后进。

（晋纪十）

【注释】

①祖逖：字士稚，范阳遒县（今河北涞水）人，东晋初期著名的北伐将领。

②刘琨：字越石，西晋将领、音乐家、文学家。

③蹴：踢。

④睿：司马睿。

⑤戎狄：对中国北方、西北等地少数民族的统称。

⑥郡国：泛称地方行政区域，各地。

⑦廪：粮食。

⑧铠仗：铠甲和兵器。

⑨部曲：魏晋南北朝时指家兵、私兵。

⑩兵：兵器。

【译文】

当初，范阳人祖逖，年轻时就有大志向，曾与刘琨一起担任司州的主簿，与刘琨同睡，夜半时听到鸡鸣，他就把刘琨踢醒说："这并不是令人厌恶的声音呀。"于是就起床舞剑。西晋南下渡江以后，左丞相司马睿让他担任军谘祭酒。祖逖住在京口，聚集了一些骁勇强健的壮士，对司马睿说："晋王朝的变乱，不是因为君主无道，臣下怨恨叛乱，而是皇亲宗室之间争权夺利，自相残杀，于是就使戎狄之人钻了空子，祸害遍及中原。现在晋朝的遗民遭到摧残伤害后，大家都想着奋发杀敌，大王如果能够派遣将领率兵出师，使像我一样的人统领军队来光复中原，各地的英雄豪杰，一定会有闻风响应的人！"可是司马睿向来没有北伐的志向，他听了祖逖的话以后就任命祖逖为奋威将军、豫州刺史，仅仅拨给他千把人的口粮，三千匹布，不供给兵器，让祖逖自己想法募集。祖逖就带领自己招募来的军队共一百多户人家渡过长江，在长江的中流他敲打着船桨发誓说："祖逖如果不能肃清中原的敌寇而光复成功，就像大江一样有去无回！"于是他们到淮阴驻扎，开始锻铸兵器，又招募了二千多人然后继续前进。

扩展阅读

弦高犒师

秦穆公使孟盟举兵袭郑，过周以东[①]。郑之贾人弦高、蹇他相与谋曰："师行数千里，数绝诸侯之地[②]，其势必袭郑。凡袭国者，以为无备也。今示以知其情，必不敢进。"乃矫郑伯之命[③]，以十二牛劳之[④]。三率相与谋曰[⑤]："凡袭人者，以为弗知，今已知之矣，守备必固，进必无功。"乃还师而反[⑥]。

（《淮南子·人间》[⑦]）

【注释】

①盟，通"明"。孟盟，即百里孟明视。　周：周地。

②数：多次。

③矫：假托。　郑伯：郑庄公。

④劳：慰问。

⑤率：领导者，统帅，首领。

⑥反：通"返"。

⑦《淮南子》：又名《淮南鸿烈》《刘安子》，是我国西汉时期创作的一部论文集，由西汉皇族淮南王刘安主持撰写，故而得名。

【译文】

秦穆公派孟盟发动军队袭击郑国，经过周地就往东走。郑国的商人玄高和蹇他一起商量说："秦国的军队行军千里，又几次经过各诸侯国的土地，看他们的形势一定是要袭击郑国。大凡偷袭别国的，都认为人家没有防备。如果现在让他们看出我们知道了他们的情况，他们一定就不敢前进了。"于是他们假托郑伯的命令，用十二头牛犒劳秦军。见此情景秦国的三个将领一起商量说："大凡偷袭人家的，都认为他们不知道情况，现在郑国已经知道了，防备一定很坚固，进兵一定不会取胜。"于是调转军队返回秦国了。

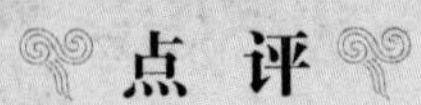

点评

匈牙利诗人裴多菲说："我是你的，我的祖国！都是你的，我的这心、这灵魂。假如我不爱你，我的祖国，我能爱哪一个人？”是呀，对于生于斯长于斯的人们来说，不热爱这片土地又能热爱谁呢？但是，爱国在于行动，而不只是一句口号。就像祖逖年少时就立志收复中原而闻鸡起舞，面对“素无北伐之志”的当局，能够自募“郡国豪杰”北渡。后来还有岳飞、辛弃疾……也正是这样，这个国家无论处于多危亡的关口，也不会灭种，因为这个民族的血液里一直澎湃着爱国的激情，就连我们眼中只好利的商人也一样捍卫自己的国土，就像战国时期的弦高和蹇他。

阿柴折箭

阿柴又命诸子各献一箭[①]，取一箭授其弟慕利延使折之。慕利延折之。又取十九箭使折之，慕利延不能折。阿柴乃谕之曰："汝曹知之乎[②]？孤则易折，众则难摧。汝曹当戮力一心[③]，然后可以保国宁家。"言终而卒。

（宋纪二）

【注释】

①阿柴：吐谷浑可汗慕容阿柴，据说有二十个儿子。

②汝曹：你们。

③戮力：协力，通力合作、合力，尽力。

【译文】

慕容阿柴又命令诸位儿子，每人各拿出一支箭，他在其中抽出一支给了他的弟弟慕容慕利延让折断，慕容慕利延轻而易举地就把它折断了。慕容阿柴又取出剩下的十九支箭合在一起叫慕容慕利延折断，慕容慕利延却不能折断了。慕容阿柴于是告诫他们说："你们知道吗？一支箭很容易折断，而一把箭则难以摧折了。所以你们应该同心合力，这样才可以保国保家。"说完就去世了。

扩展阅读

曾公教子

字谕纪鸿儿[①]：

家中人来营者，多称尔举止大方[②]，余为少慰[③]。凡人多望子孙为大官，余不愿为大官，但愿为读书明理之君子。勤俭自持，习劳习苦[④]，可以处乐，可以处约[⑤]。此君子也。余服官二十年[⑥]，不敢稍染官宦习气，饮食起居，尚守寒素家风[⑦]，极俭也可，略丰也可，太丰则吾不敢也。

凡仕宦之家，由俭入奢易，由奢返俭难。尔年尚幼，切不可贪爱奢华，不可惯习懒惰。无论大家小家、士农工商，勤苦俭约，未有不兴，骄奢倦怠，未有不败。尔读书写字不可间断，早晨要早起，莫坠高曾祖考以来相传之家风。吾父吾叔，皆黎明即起，尔之所知也。

手谕（时在江西抚州门外）

咸丰六年九月廿九夜

（《曾国藩家书》[⑧]）

【注释】

①字谕：信中告诉。古人上对下、长辈对晚辈的信中常用的开头语。 纪鸿：曾国藩的次子。

②尔：你。

③少：通“稍”，稍微。

④习劳习苦：勤劳刻苦。

⑤约：贫困。

⑥服：担任。

⑦寒素：贫寒清白。

⑧《曾国藩家书》：曾国藩的书信集，成书于清咸丰年间。曾国藩，字伯涵，号涤生，谥文正，湖南双峰县（旧属湘乡县）人。清朝军事家、理学家、政治家、书法家、文学家，晚清散文“湘乡派”创立人。

【译文】

纪鸿我的孩子：

家中来军营的人大多称赞你举止大方，对此我稍感欣慰。一般人都希望孩子能当官，我却不愿，只愿你们能成为读书明事理的谦谦君子。能够勤劳吃苦，能够适应贫困，这才是君子。我当官二十多年了，不敢染有一点官宦习气，吃喝居住，还保持着贫寒时的清白家风，非常简朴也能适应，稍微丰富一点也可以，太奢侈我却不敢。

凡官宦之家，由简朴进入奢侈很容易，但由奢侈回归简朴就很难了。你还年少，切不可贪恋奢华，也不可养成懒惰的习惯。无论富有之家还是贫寒之家、读书人、农民、工人、商人，只要能够勤俭节约没有不能振兴的，而奢侈懒惰则没有不破败的。你读书写字切不可间断，早上要早起，不要中断了祖先一直以来传承的家风，我的父亲、叔叔都是黎明就起床，这你是知道的。

手谕（时在江西抚州门外）

咸丰六年九月二十九夜

点 评

父母究竟该怎样爱孩子呢？这一点，古人已经给出了很多典范，比如吐谷浑可汗慕容阿柴，在临终前运用生动形象的折箭方式，道出了“孤则易折，众则难摧”的道理，借机告诉子弟们：“汝曹当戮力一心，然后可以保国宁家。”真可谓用心良苦。而曾国藩则用书信方式和儿子进行平等交流，可谓春风化雨润子无声，而且他的教育目标很明确，就是要孩子立德，读书，明理。

妙论弓矢

上谓太子少师萧瑀曰[①]："朕少好弓矢，得良弓十数，自谓无以加，近以示弓工[②]，乃曰'皆非良材'。朕问其故，工曰：'木心不直，则脉理皆邪[③]，弓虽劲而发矢不直。'朕始寤向者辨之未精也。朕以弓矢定四方，识之犹未能尽，况天下之务，其能遍知乎！"乃令京官五品以上更宿中书内省[④]，数延见[⑤]，问以民间疾苦，政事得失。

（唐纪八）

【注释】

①上：君主，这里指李世民。　太子少师：指教皇太子读书的官员。

②弓工：造弓的工匠。

③脉理皆邪：木头的纹理都不正。　脉理，指木纹。　邪：不正。

④更宿中书内省：轮流在中书内省值班休息。更，轮流。中书内省，属朝廷决策的机构。

⑤延，邀请。

【译文】

皇上对教太子读书的官员萧瑀说："我小时候喜好弓箭，拥有好弓十几把，自己觉得没有比这些再好的了，近来把它给造弓的工匠看，工匠却说'都不是好弓'。我就问他原因。他说：'木心不是直的,那么木头的纹理都不正,这样即使弓再有力但射出的箭也不会直。'我由此想到,熟悉的东西尚且不能达到全面分辨出好坏的程度呀。我靠着弓箭平定四方,还不能做到十分了解它,更何况天下大事,哪能够全都知道呢?"于是命令京中五品以上的官员轮流住在中书省,还多次召见,问他们民间疾苦,政事得失。

扩展阅读

弈中悟道

今之学者读古人书,多訾古人之失[①];与今人居,亦乐称人失。人固不能无失,然试易地以处,平心而度之[②],吾果无一失乎?吾能知人之失,而不能见吾之失;吾能指人之小失,而不能见吾之大失,吾求吾失且不暇,何暇论人哉!

弈之优劣[③],有定也,一著之失,人皆见之,虽护前者不能讳也[④]。理之所在,各是其所是,各非其所非。世无孔子[⑤],谁能定是非之真?然则人之失者未必非得也,吾之无失者未必非大失也,而彼此相嗤,无有已时,曾观弈者之不若已[⑥]!

(《弈喻》[⑦])

【注释】

①訾(zǐ):诋毁。

②度:推测,估计。

③弈:下棋。

④护前:回护以前的错误,泛指护短。

⑤无孔子:意思是没有大智的圣人。

⑥曾:乃,竟。　已:同"矣"。

⑦《弈喻》:清代著名学者钱大昕的一篇散文。

【译文】

现在的读书人读古人的书，常常诋毁古人的错误；和现在的人相处，也喜欢说别人的错误。人本来就不能够没有错误，但是试试彼此交换位置，心平气和地衡量一下，自己真的没有一点失误吗？自己能够认识别人的失误但是不能看到自己的失误，自己能够指出别人的小失误但是不能看到自己的大失误，自己检查自己的失误尚且没有时间，哪里有时间议论别人呢！

棋艺的高低，是有标准的，下错了一步棋，人们都看得见，即使想掩盖以前的错误也是隐瞒不了的。事理方面的问题，人人都赞成自己认为正确的，人人反对自己认为不正确的。现在世间没有了孔子那样的圣人，那么谁能断定真正的正确与错误呢？那么别人的失误未必不是有所得，自己没有失误未必不是大失误，但是人们彼此互相讥笑，没有停止的时候，简直连看棋的人都不如了。

点 评

因为我们一睁眼看到的就是别人，所以对别人的高矮美丑一目了然，但是，却往往看不到自己的优劣，自然，也就不能够真正地认识自己，不能对自己有正确客观的评价。就像我们看别人下棋一样，别人的每一步我们似乎都觉得应该这样或者应该那样，而自己对弈的时候却往往也是错误百出。为什么呢？“理之所在，各是其所是，各非其所非”，所以，在这个意义上，实在没有必要去议论别人，毕竟“人固不能无失”，况且，“吾能知人之失而不能见吾之失，吾能指人之小失而不能见吾之大失”。因此孔子才说：“知人者智，自知者明。”也就是说能认识别人叫作机智，能认识自己才算是高明。

以人为镜

郑文贞公魏征寝疾，上遣使者问讯，赐以药饵，相望于道。又遣中郎将李安俨宿其第，动静以闻。上复与太子同至其第，指衡山公主欲以妻其子叔玉[①]。戊辰，征薨[②]，命百官九品以上皆赴丧，给羽葆鼓吹[③]，陪葬昭陵。其妻裴氏曰："征平生俭素，今葬以一品羽仪[④]，非亡者之志。"悉辞不受，以布车载柩而葬。上登苑西楼[⑤]，望哭尽哀。上自制碑文，并为书石。上思征不已，谓侍臣曰："人以铜为镜，可以正衣冠，以古为镜，可以见兴替[⑥]，以人为镜，可以知得失；魏征没，朕亡一镜矣！"

（唐纪十二）

【注释】

①妻：以女嫁人。

②薨（hōng）：古代称诸侯之死。后世有封爵的大官之死也称薨。

③羽葆：古时葬礼仪仗的一种。

④羽仪：指古代的一种礼仪用品。

⑤上：皇上，指唐太宗。

⑥兴替：兴盛更替。

【译文】

郑文贞公魏征卧病不起，太宗派人前去问讯，还赏赐给他药饵，送药的人往来不绝。又派中郎将李安俨在魏征的宅院里留宿，一有动静便立即报告。太宗又和太子一同到其住处，指婚衡山公主，想要将她嫁给魏征的儿子魏叔玉。戊辰十七日，魏征去世，太宗命九品以上的文武百官均去奔丧，赐给手持羽葆的仪仗队和吹鼓手，陪葬在昭陵。魏征的妻子说："魏征平时生活俭朴，如今用鸟羽装饰旌旗，用一品官的礼仪安葬，这并不是死者的愿望。"全都推辞不受，仅用带着布罩的车子载着棺材安葬。太宗登上禁苑西楼，望着魏征的灵车痛哭，非常悲哀。太宗还亲自撰写碑文，并且书写墓碑。太宗不停地思念魏征，对身边的大臣说："人们用铜做成镜子，可以用来整齐衣帽，将历史做为镜子，可以观察到历朝的兴衰更替，将人当作一面镜子，可以确知自己行为的得失。现在魏征去世了，我失去了一面绝好的镜子了。"

扩展阅读

借镜言道

古之人目短于自见，故以镜观面；智短于自知，故以道正己[①]。故镜无见疵之罪，道无明过之怨。目失镜，则无以正须眉，身失道，则无以知迷惑。西门豹之性急，故佩韦以缓己[②]；董安于之心缓，故佩弦以自急[③]。故以有余补不足、以长续短之谓明主。

（《韩非子·观行》）

【注释】

①正：纠正，校正。

②韦：熟牛皮。这里指柔韧的皮带。

③佩弦：弓弦常紧绷，性情迟缓的人佩在身上，用以自戒。

【译文】

古代的人因为自己的眼睛不能看到自己的容貌，所以要用镜子来照看自己的面容；因为自己的智慧不足以知道自己的行为是否得当，所以要用道理来订正自己的行为。因此，镜子如实地映出人脸面上的污点并不是它的罪过，道理折射出人的过错并非和人有仇怨。人的眼睛不依靠镜子就不能修整胡须和眉毛；人的行为不依靠道理就不能知道自己行为的过失。西门豹的性情急躁，所以常常佩着一条熟牛皮带，来提醒自己不要性急；董安于的性情迟缓，所以常常佩着一张绷得紧紧的弓弦来勉励自己不要迟慢。所以用有余来补救不足，用长处来补足短处的就可以称得上英明的君主。

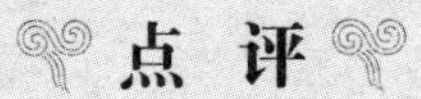

正所谓“智短于自知”，所以，人们往往需要参照物来映衬自

己的对错得失——以人为镜，以期纠正自己，提升自己，从而完善自己。唐太宗一直把魏征作为自己的一面镜子，来映照自己的瑕疵，而且让那面镜子“无见疵之罪”，从而更好地“以道正己”，来使自己“以知迷惑”，也正是这样的“以有余补不足，以长续短”，使得他不断地自我超越，从而谱写出一曲不朽的贞观长歌。其实，不仅统治者需要如此，我们普通人更需如此，因为只有这样，才便于找到自己的不足，从而进行补救、改正，以期让自己的人生更完美。

娄公盛德

师德在河陇[①]，前后四十余年，恭勤不怠，民夷安之[②]。性沉厚宽恕，狄仁杰之入相也[③]，师德实荐之，而仁杰不知，意颇轻师德，数挤之于外。太后觉之[④]，尝问仁杰曰："师德贤乎？"对曰："为将能谨守边陲，贤则臣不知。"又曰："师德知人乎？"对曰："臣尝同僚，未闻其知人也。"太后曰："朕之知卿，乃师德所荐也，亦可谓知人矣。"仁杰既出，叹曰："娄公盛德，我为其所包容久矣，吾不得窥其际也。"

（唐纪二十二）

【注释】

①师德：娄师德，唐朝大臣、名将。　河陇：古代指河西与陇右，相当今甘肃省西部地区。

②夷：通"怡"，快乐。

③狄仁杰：唐（武周）时杰出的政治家，武则天当政时期宰相。

④太后：指武则天。

【译文】

娄师德在河陇前后四十多年，谦恭勤奋，毫不懈怠，百姓都快乐而安定。他秉性朴实稳重，宽宏大量，狄仁杰入朝任宰相，实际上是他推荐的，可狄仁杰不知道，心里还很轻视他，曾一再排挤他到外地。太后发觉后，曾问狄仁杰："娄师德贤能吗？"他回答说："作为将领能谨慎地守卫边疆，是否贤能我不知道。"太后又说："娄师德善于识别人才吗？"他回答说："我曾经与他同事，没有听说过他善于识别人才。"太后说："我知道你，便是由于娄师德的推荐呀，他也可以称得上是善于识别人才了。"狄仁杰退出后，感叹说："娄公品德太高尚了，我受到他的包容已经很久了呀，我看不到他高尚品德的边际呀。"

扩展阅读

吕公雅量

吕蒙正相公不喜计人过[①]。初参知政事[②]，入朝堂，有朝士于帘内指之曰[③]："是小子亦参政耶？"蒙正佯为不闻而过之。其同列怒[④]，令诘其官位姓名，蒙正遽止之。罢朝，同列犹不能平，悔不穷问[⑤]。蒙正曰："若一知其姓名，则终身不能复忘，固不如毋知也[⑥]。且不问之何损？"时皆服其量。

（《涑水纪闻》[⑦]）

【注释】

①吕蒙正：字圣功，河南洛阳人，曾官至北宋宰相。　相公：古代对宰相的称呼。

②参知政事：副宰相。

③朝士：有资格入朝廷的中央官吏。

④同列：同在朝廷做官的同事。

⑤穷问：彻底追究。

⑥固：通"故"。

⑦《涑水纪闻》：司马光的一部语录体笔记。

【译文】

宰相吕蒙正不喜欢计较别人的过失。刚担任副宰相进入朝堂时，有一位同朝官员在朝堂帘内指着吕蒙正说："这小子也能参政呀？"吕蒙正装作没有听见走过去了。吕蒙正的同僚却非常愤怒，下令责问那个人的官位和姓名。吕蒙正连忙制止了同僚的行为。下朝以后，他的同僚们仍然愤愤不平，后悔当时没有彻底追究。吕蒙正则说："如果一旦知道那个人的姓名，就终生不能忘记了，因此还不如不知道那个人的姓名为好。况且不予追究，对我来说又有什么损失呢？"当时的人都佩服吕蒙正的度量。

点 评

能容纳众泉始成溪流，能接纳众流乃成江河，能包容百川终成大海。这就是宽容的力量。宽容既能感化、改变别人乃至对手，也能成全自己。所以，生活中，无论是谁都应该学会宽容。但是，宽容也要注意：宽容不珍惜宽容的人，是滥情；宽容不值得宽容的人，是姑息；宽容不可饶恕的人，则是放纵。所以，宽容本身，也是一门学问。

荐贤不私

太后尝问仁杰[①]："朕欲得一佳士用之，谁可者？"仁杰曰："未审陛下欲何所用之？"太后曰："欲用为将相。"仁杰对曰："文学缊藉，则苏味道、李峤固其选矣。必欲取卓荦奇才[②]，则有荆州长史张柬之，其人虽老，宰相才也。"太后擢柬之为洛州司马。数日，又问仁杰，对曰："前荐柬之，尚未用也。"太后曰："已迁矣。"对曰："臣所荐者可为宰相，非司马也。"乃迁秋官侍郎[③]；久之，卒用为相。仁杰又尝荐夏官侍郎姚元崇、监察御史曲阿桓彦范、太州刺史敬晖等数十人[④]，率为名臣。或谓仁杰曰："天下桃李，悉在公门矣。"仁杰曰："荐贤为国，非为私也。"

（唐纪二十三）

【注释】

①太后：武则天。　仁杰：狄仁杰。

②卓荦：卓越，突出。

③秋官：刑部。

④夏官：兵部。　曲阿：地名，又名丹阳，今属江苏省。

【译文】

武则天曾经问狄仁杰：“我希望能找到一位杰出的人才委以重任，谁可以呢？”狄仁杰问道：“不知陛下想让他担任什么职务呢？”武则天说：“我想让他担任将相。”狄仁杰回答道：“如果您所要的是文采风流的人才，那么苏味道、李峤本来就是合适的人选。如果您一定要找出类拔萃的奇才，那就只有荆州长史张柬之了，他的年纪虽然老了一些，却是宰相之才。”武则天于是提拔张柬之作了洛州司马。过了几天之后，武则天又问狄仁杰谁是贤才可以任用，狄仁杰回答说：“我前几天推荐的张柬之，您还没有任用呢。”武则天说：“我已经给他升了官了。”狄仁杰回答说：“我所推荐的张柬之是可以作宰相的人才，不是用来作一个司马的。”武则天于是任命张柬之为刑部侍郎。过了很长时间，最终任命他为宰相。狄仁杰还先后向武则天推荐了兵部侍郎姚元崇、监察御史曲阿人桓彦范、太州刺史敬晖等数十人，后来这些人都成了名臣。有人对狄仁杰说：“治理天下的贤能之臣，都出自您门下。”狄仁杰回答说：“举荐贤才是为国家着想，并不是为我个人打算的。”

扩展阅读

举贤以公

晋平公问于祁黄羊曰[①]：“南阳无令[②]，其谁可而为之？”祁黄羊对曰：“解狐可。”平公曰：“解狐非子之仇邪？”对曰：“君问可，非问臣之仇也。”平公曰：“善。”遂用之，国人称善焉。

居有间[③]，平公又问祁黄羊曰：“国无尉[④]，其谁可而为之？”对曰：“午可[⑤]。”平公曰：“午非子之子耶？”对曰：“君问可，非问臣之子也。”平公曰：“善。”又遂用之。国人称善焉。

孔子闻之，曰：“善哉，祁黄羊之论也！外举不避仇[⑥]，内举不避子。”祁黄羊可谓公矣。

（《吕氏春秋·孟春纪·去私》）

【注释】

①祁黄羊：名奚，字黄羊，晋国大夫。

②令：县官。

③居有间：过了些时日。

④尉：军事长官。

⑤午：祁午。祁黄羊之子。

⑥外举：推荐外人。

【译文】

晋平公问祁黄羊说：“南阳这个地方缺个县令，谁可以胜任呢？”祁黄羊答道：“解狐可以。”平公说：“解狐不是你的仇人吗？”祁黄羊回答说：“您是问谁可以胜任，不是问我的仇人是谁。”平公称赞说：“好！”就任用了解狐。都城的人都称赞好。

过了一段时间，平公又问祁黄羊说：“国家少个掌管军事的官，谁担任合适呢？”祁黄羊答道：“祁午合适。”平公说：“祁午不是你的儿子吗？”祁黄羊回答说：“您问的是谁可以胜任，不是问我的儿子是谁。”平公又称赞说：“好！”就又任用了祁午。都城的人又一致称赞好。

孔子听说了这件事，说：“祁黄羊的话，真好啊！他推荐外人，不回避自己的仇人，荐举自家的人，不避开自己的儿子。”祁黄羊可以称得上是大公无私了。

点 评

人们老说，千里马常有而伯乐不常有。说伯乐难寻，其实伯乐也难当。如果狄仁杰和祁黄羊们都不从社稷利益出发，而只顾自己，那么就很难做到唯贤是举了。因此，当好伯乐，必须先做品德高尚的人。另外举贤还要知贤，狄仁杰和祁黄羊对他们所举荐的人就非常了解，所以当君主要他推荐人选时，便对答如流。而有的人举荐人时，未能做到全面了解人，而是只了解其一点一面，这就可能好心办坏事。就像当初曹操想招降刘表，孔融推荐了弥衡。弥衡自恃其才，狂妄至极，不仅劝降未成，反而做了黄祖刀下之鬼，贻误了战机。孔融只看到弥衡有胆量、善机辩的一面，而没有看到他修养差、品质不好的一面。

常山骂贼

杲卿至洛阳[①]，禄山数之曰[②]：“汝自范阳户曹，我奏汝为判官，不数年超至太守，何负于汝而反邪？”杲卿瞋目骂曰：“汝本营州牧羊羯奴[③]，天子擢汝为三道节度使[④]，恩幸无比，何负于汝而反？我世为唐臣，禄位皆唐有，虽为汝所奏，岂从汝反邪！我为国讨贼，恨不斩汝，何谓反也！臊羯狗，何不速杀我！”禄山大怒，并袁履谦等缚于中桥之柱而冎之[⑤]。杲卿、履谦比死[⑥]，骂不虚口[⑦]。

（唐纪三十三）

【注释】

①杲（gǎo）卿：颜杲卿，唐朝官吏，著名书法家颜真卿从兄。曾为常山太守，人称“颜常山”。因讨伐安禄山被俘，之后被杀。

②禄山：即安禄山。　数：责备。

③羯奴：蔑称，意为羯人小儿。　羯：匈奴的一个分支。

④擢：提拔，提升。　三道节度使：安禄山身兼平卢、范阳、河东三道节度使。　道：历史上的行政区域，在唐代相当于现在的省。

⑤冎：古同“剐”。

⑥比：及，等到。

⑦虚口：绝口。

【译文】

颜杲卿被押送到洛阳，安禄山责备他说：“你原是范阳户曹，我上奏朝廷任命你为判官，不几年又越级提升为太守，有什么地方有负于你，而你竟起兵反对我？”颜杲卿怒目大骂安禄山说：“你原本是营州的一个牧羊羯人小儿，天子提升你为三道节度使，恩情深厚，宠信无比，有什么地方负于你，而你却起兵反叛？我世世代代为唐朝的臣子，利禄官位都是唐朝所给予的，虽然是你上奏朝廷任命的，我怎么能够跟随你反叛呢！我是为国家讨伐叛贼，可恨的是没有杀掉你，怎么能说是反叛呢？你这个臭羯狗，为何还不快一点杀了我！”安禄山十分恼怒，便把颜杲卿与袁履谦等捆绑在中桥的桥柱上面，用刀将他们剐死。颜杲卿与袁履谦到死还骂不绝口。

扩展阅读

督相殉节

顺治二年乙酉四月[①]，江都围急[②]。督相史忠烈公知势不可为[③]，集诸将而语之曰：“吾誓与城为殉，然仓皇中不可落于敌人之手以死，谁为我临期成此大节者[④]？”副将军史德威慨然任之。忠烈喜曰：“吾尚未有子，汝当以同姓为吾后。吾上书太夫人，谱汝诸孙中[⑤]。”

二十五日，城陷，忠烈拔刀自裁。诸将果争前抱持之。忠烈大呼德威，德威流涕不能执刃，遂为诸将所拥而行。至小东门，大兵如林而至。马副使鸣騄、任太守民育及诸将刘都督肇基等皆死。忠烈乃瞠目曰：“我史阁部也[⑥]。”被执至南门，和硕豫亲王[⑦]以先生呼之，劝之降。忠烈大骂而死。

（《梅花岭记》[⑧]）

【注释】

①顺治二年乙酉：1645年。

②江都：今江苏省扬州市。

③督相：史可法当时以内阁大学士兼兵部尚书督师扬州，故称“督相”。 史忠烈公：史可法的谥号。

④临期成此大节：指到城破时将史可法杀死，以成全他与城共存亡的节义。

⑤谱汝诸孙中：把你作为孙辈列入家谱中。

⑥史阁部：史可法时任内阁大学士，故自称“阁部”。

⑦和硕豫亲王：清军大将多铎的封爵。

⑧梅花岭：扬州广储门外的一个土阜，上植梅花。明朝将领史可法督师扬州，抗击清兵，曾在梅花岭泣血誓师，留下了“死当葬梅花岭”的遗言。《梅花岭记》是清人全祖望所写的一篇历史散文。

【译文】

顺治二年四月，江都被包围，情况很危急，督相史可法知道局势难以挽救，就召集众将告诉他们：“我发誓与此城一起殉难，但仓促之中我不能落到敌人手里而死，到时谁能帮助我完成大节呢？”副将军史德威慷慨地应允。史可法高兴地说：“我还没有儿子，你应当以同姓的身份做我的后嗣，我要写信给母亲，将你列入族谱的孙辈之中。”

二十五日，江都城被攻陷，忠烈公拔出刀来要自刎。众将领果然争上前来抱住他不让他自杀。忠烈公大声呼唤德威，德威涕泪迸落，不忍举刀，于是被众将领拥护前行。到小东门时，清兵已如密林般来到。马副使鸣騄、任太守民育和刘都督肇基等将领都英勇牺牲。忠烈公就怒目瞪视敌人说：“我是大明的史阁部！”于是他被抓住押送到南门，和硕亲王称他为先生，劝他投降。忠烈公却大骂而死。

点 评

很多人都视“骂”为贬义词，然而，中国历史上却有不少因骂而留名青史的，因为他们的骂，骂出了不屈的骨气，骂出了高尚的节操，骂出了独立的人格，骂出了铮铮的傲骨……唐代的颜杲卿就是一位这样的英雄，为了匡扶江山，他在讨伐安史之乱中被俘，面对不可一世的叛臣安禄山，怒骂他为“牧羊羯奴”“臊羯狗”，这样的骂，无疑骂出了一种视死如归的勇气，而在被“缚于中桥之柱而冎之”时仍“骂不虚口”无疑则骂出一种惨烈的悲壮。无独有偶，明末的史可法曾立“誓与城为殉”，及“城陷”之际，面对和硕豫亲王的劝降和引诱却“大骂而死”，这又何尝不是以另一种形式完美演绎了一曲正气歌呢？

唐溪拒饷

陈敬瑄榜邛州[1]，凡阡能等亲党皆不问[2]。未几，邛州刺史申捕获阡能叔父行全家三十五人系狱[3]，请准法。敬瑄以问孔目官唐溪[4]，对曰："公已有榜，令勿问，而刺史复捕之，此必有故。今若杀之，岂惟使明公失大信，窃恐阡能之党纷纷复起矣！"敬瑄从之，遣押牙牛晕往[5]，集众于州门，破械而释之，因询其所以然。果行全有良田，刺史欲买之，不与，故恨之。敬瑄召刺史，将按其罪，刺史以忧死。他日，行全闻其家由溪以免，密饷溪蚀箔金百两[6]。溪怒曰："此乃太师仁明，何预吾事，汝乃怀祸相饷乎！"还其金，斥逐使去。

（唐纪七十一）

【注释】

①陈敬瑄：唐朝将领，后又迁检校太师。　榜：公开张贴文书、告示。

②阡能：唐末成都西部农民起义军首领。

③行全：阡能的叔父。　申：申报。　系：拘囚，关进牢狱。

④孔目官：旧时官府衙门里的高级吏人，掌管狱讼、账目、遣发等事务。
⑤押牙：节度使官署内的亲信武官。　牛晕：人名。
⑥密饷：暗中馈赠。　蚀箔金：纯金片。

【译文】

陈敬瑄在邛州张贴告示，凡是阡能等人的亲朋党羽都不问罪。不久，邛州刺史申报抓获阡能的叔父阡行全一家三十五人，囚在狱中，请求正法。陈敬瑄就此征求掌管狱讼的官员唐溪的意见，唐溪回答说："您已经张贴告示，下令对阡能的亲友不再问罪，可是邛州刺史还是把阡行全一家逮捕了，这里面一定有原因。现在若是把他们杀掉，岂止是会使您失信于民，我还担心会导致阡能的党羽纷纷再次起兵谋反！"陈敬瑄听从了唐溪的话，就派遣押牙将牛晕前往，在邛州的州衙门口召集众人，打开阡行全一家人的刑具而释放了他们，并顺便询问他们为什么被刺史抓起来。果然是阡行全家里有肥沃的田地，刺史想要收买，阡行全不给，刺史便怀恨在心。陈敬瑄叫来邛州刺史，要对他治罪，邛州刺史忧惧而死。后来，阡行全听说他们全家是由于唐溪而免于治罪，便偷偷地给唐溪送去纯金片一百两。唐溪一见便怒气冲冲地说："这都是太师陈敬瑄仁义开明，哪里有我什么事，你这是在向我送祸呀！"他随即把阡行全送来的金子全都退回，斥责并赶走了派来的人。

扩展阅读

宋人得玉

宋人或得玉，献诸子罕[①]。子罕弗受。献玉者曰："以示玉人[②]，玉人以为宝也，故敢献之"。子罕曰[③]："我以不贪为宝，尔以玉为宝，若以与我，皆丧宝也，不若人有其宝[④]。"

（《左传·襄公十五年》）

【注释】

①诸：兼语词，相当于“之于”。

②玉人：玉器师。

③长者：德高望重的人。

④宝：珍爱，珍视。

【译文】

宋国有人得了块玉，要把它献给子罕。子罕不接受。献玉的人说：“我把它给给玉器师看过，玉器师认为是宝物，所以才敢贡献。”子罕说：“我把不贪作为宝物，而你把玉石当做宝物，若是把它给了我，你和我的宝物都丧失了呀。不如各人留着各自的宝物好啊！”

点评

人生处处都充满着各种各样的诱惑：金钱、美色、权利……面对诱惑，有人战胜了它，有人却被它俘虏了，也正是这样，战胜者才活出了风采，活出了铿锵的人生。身处封建官场的唐溪，透过金子诱人的光环，看出包藏在其中的祸患，用拒绝的方式维护了自己清廉耿直的品格；子罕正是为了守护心灵的纯正而不以玉为宝，使自己活得像玉一样纯洁。

出镞示子

存审出于寒微[1]，常戒诸子曰[2]："尔父少提一剑去乡里，四十年间，位极将相，其间出万死获一生者非一，破骨出镞者凡百余[3]。"因授以所出镞，命藏之，曰："尔曹生于膏粱，当知尔父起家如此也。"

（后唐纪二）

【注释】

①存审：即李存审，后唐名将。

②戒：通“诫”，告诫。

③镞：箭头。

【译文】

李存审出身贫寒，他经常告诫孩子们说：“你们的父亲我年少时拿着一把剑离开了家乡，四十多年来，爵位一直升到将相，在这期间，死里逃生不是一两次，剖开骨肉取出箭头就有一百多次。”于是把从身上取出的箭头交给了他的孩子们，命令他们收藏起来，说：“你们生活在富裕的家庭里，应当知道你们的父亲起家是这样地不容易。”

扩展阅读

赵轨还葚

赵轨，河南洛阳人也。父肃，魏廷尉卿①。轨少好学，有行检②。周蔡王引为记室③，以清苦闻。迁卫州治中。高祖受禅④，转齐州别驾，有能名。其东邻有桑，葚落其家，轨遣人悉拾还其主，诫其诸子曰：“吾非以此求名，意者非机杼之物⑤，不愿侵人。汝等宜以为诫。”

（《隋书·赵轨列传》⑥）

【注释】

①魏：东魏。

②行检：操行，品行。

③周：北周。

④受禅：借指称帝。

⑤机杼：机杼，织布机。　机杼之物：指劳作得来的东西。

⑥《隋书》：由魏征和长孙无忌负责主编的隋朝史书。

【译文】

赵轨是河南洛阳人。他的父亲赵肃是东魏的廷尉卿。赵轨少年时很好学，有很好的操行。北周的蔡王引荐他做了记室，以守清贫能吃苦而知名。后升官为卫州治中。隋高祖做了皇帝后，赵轨转任齐州别驾，这时以才能闻名。他东边的邻居有桑树，桑葚落到了他家，赵轨就派人把桑葚全都捡起来还给它的主人，他告诫他几个儿子说："我不是用这种行为求得名声，我的意思是，不是劳作得来的东西，不愿意侵占别人的。你们应该把这当作准则。"

点 评

中国自古以来都有望子成龙的美好愿望，希望孩子能够德才兼备，古人曰：言传胜于身教，这是古人总结出来的教育理念。"出镞示子"一文不难看出，李存审这样做的目的有二：表面上他要告诉孩子富贵来之不易，实质上他希望孩子继承传统，磨炼自己，决不可贪图安逸，玩物丧志。这样做是教育孩子富贵来之不易，需知创业艰难；在安逸的生活中不可丧失斗志，应多多历练，有所作为。赵轨为了教子"非机杼之物，不愿侵人"也不采取空洞的说教，而是躬行身教。担任齐州别驾时，他把掉在己家的桑葚归还邻人，并借此教导儿子不侵占非自己劳作所得之物。

春风润心静无声

——劝读篇

君仁臣直

（魏文侯）使乐羊伐中山[①]，克之；以封其子击[②]。文侯问于群臣曰："我何如主？"皆曰："仁君。"任座曰："君得中山，不以封君之弟而以封君之子，何谓仁君？"文侯怒，任座趋出[③]。次问翟璜，对曰："仁君。"文侯曰："何以知之？"对曰："臣闻君仁则臣直。向者任座之言直[④]，臣是以知之。"文侯悦，使翟璜召任座而反之[⑤]，亲下堂迎之，以为上客。

（周纪一）

【注释】

①乐羊：魏文侯的大将。　中山：中山国，春秋战国时期嵌在燕赵之内的一个小国。

②击：魏子击，号武侯，文侯之子。

③趋出：快走。

④向者：先前，刚才。

⑤反：同“返”，返回。

【译文】

魏文侯派乐羊子攻打中山国，拿下了它；之后魏文侯便把中山国封给他的儿子击。魏文侯向群臣问道：“我是怎样的君主？”群臣们都说：“您是仁爱的君主。”任座却说：“您得到中山，不把它封赏给您的弟弟却把它封赏给您的儿子，怎么能说是仁君呢？”一听这话文侯发怒了，任座就吓得跑了出去。文侯又问翟璜，翟璜回答说：“您是仁君。”文侯问道：“您是凭什么知道的？”翟璜回答道：“臣听说国君仁爱臣子就直率。刚才任座的话直率，我因此知道您仁爱。”文侯一听很高兴，就让翟璜叫任座回来，他亲自下堂迎接任座，还把他当作贵宾。

扩展阅读

螳螂捕蝉

吴王欲伐荆[①]，告其左右曰：“敢有谏者死！”舍人有少儒子者，欲谏不敢[②]，则怀丸操弹[③]，游于后园，露沾其衣，如是者三旦。吴王曰：“子来，何苦沾衣如此？”对曰：“园中有树，其上有蝉。蝉高居悲鸣，饮露，不知螳螂在其后也；螳螂委身曲附[④]，欲取蝉，而不知黄雀在其傍也；黄雀延颈欲啄螳螂，而不知弹丸在其下也。此三者，皆务欲得其前利[⑤]，而不顾其后之有患也。”吴王曰：“善哉！”乃罢其兵。

（《说苑·正谏》[⑥]）

【注释】

①吴王：指吴国君主阖闾。　荆：楚国。

②舍人：国王的侍从官。　少孺子：年轻人。

③怀丸操弹：怀揣弹丸，手拿弹弓。

④委身曲附：缩着身子紧贴树枝，弯起前肢。　附，同“跗”，脚背骨。

⑤务欲：一心想要。　前利：眼前利益。

⑥《说苑》：西汉经学家、文学家刘向撰。

【译文】

吴王想攻打楚国，就告诉他的臣子：“有敢进谏的人要处死！”有一个年轻的侍从官想进谏可是又不敢，于是就每天早晨拿着弹弓、弹丸在王宫后花园游荡，露水都湿透了他的衣服，就这样过了三个清早。吴王问他道：“你过来，何苦要把衣服弄得湿成这样啊？”年轻人说：“园中有一棵树，树上有一只蝉，它在高处鸣叫，吸饮露水，却不知一只螳螂在它身后；螳螂弯曲着身子紧紧贴附在树枝上想捕蝉，但不知黄雀在它旁边；而当黄雀伸长脖子想啄螳螂时，却不知道我的弹丸在它下面呢。它们三个都只顾眼前利益而看不到身后的灾祸。”吴王听了说：“说得好啊！”随后便取消了这次军事行动。

点　评

生活中往往免不了要向别人进言，自然，也就希望别人能接受自己的规劝。那么，这就需要掌握规劝的技巧，否则，不但劝不了别人，甚至还会事与愿违。这里的任座就是因为逆耳忠言差点招来祸患，而翟璜和那位侍从官都很注意这一点，他们一个用的是顺耳忠言，一个用的是迂回战，结果，都成功地使国君怀着愉快的心情接受了劝谏。这启发我们：只要能治病，良药爽口岂不更好？只要想劝谏，忠言顺耳岂不更妙？

田文求谏

孟尝君聘于楚[①]，楚王遗之象床[②]。登徒直送之[③]，不欲行，谓孟尝君门人公孙戌曰："象床之直千金，苟伤之毫发，则卖妻子不足偿也。足下能使仆无行者[④]，有先人之宝剑，愿献之。"公孙戌许诺，入见孟尝君曰："小国所以皆致相印于君者[⑤]，以君能振达贫穷[⑥]，存亡继绝[⑦]，故莫不悦君之义，慕君之廉也。今始至楚而受象床，则未至之国将何以待君哉！"孟尝君曰："善。"遂不受。公孙戌趋去[⑧]，未至中闺[⑨]，孟尝君召而反之，曰："子何足之高，志之扬也？"公孙戌以实对。孟尝君乃书门版曰[⑩]："有能扬文之名，止文之过，私得宝于外者，疾入谏！"

（周纪二）

【注释】

①孟尝君：田氏，名文，战国四公子之一。　聘：访问。

②遗（wèi）：赠送。

③登徒直：孟尝君下属。

④仆：我。

⑤致：送给，给予。

⑥振达：扶助。

⑦存亡继绝：恢复灭亡的国家，延续断绝了的子嗣。泛指使濒临灭亡或已亡者得以延续。

⑧趋：快走。

⑨闺：宫中小门。

⑩版：古时书写用的木片。

【译文】

孟尝君前往楚国访问，楚王送他一张象牙床。孟尝君令登徒直先护送象牙床回国。登徒直不愿意去，他对孟尝君门客公孙戌说："象牙床价值千金，如果有一丝一毫的损伤，我就是卖了妻子儿女也赔不起啊！您要是能让我躲过这趟差使，我有一把祖传的宝剑，愿意送给你。”公孙戌答应了，就去求见孟尝君说：“各个小国家之所以都延请您担任国相，是因为您能扶助弱小贫穷，使灭亡的国家复存，使后嗣断绝者延续，所以大家无不钦佩您的仁义，仰慕您的廉洁。现在您刚到楚国就接受了象牙床这样的厚礼，那么那些还没去的国家又拿什么来接待您呢？”孟尝君听了说：“你说得有理。”于是就谢绝了楚国的象牙床。然后公孙戌就快步离开了，还没出小宫门，孟尝君就把他叫了回来，问道：“你为什么那么趾高气昂、神采飞扬呢？”公孙戌只得把赚了宝剑的事如实报告。孟尝君于是令人在门板上贴出布告，上写：“无论何人，只要能宏扬我田文的名声，劝止我田文的过失，即使他在外私下接受了别人的馈赠也没关系，尽管赶快来提意见。”

扩展阅读

景公求祝

景公游于麦丘①，问其封人曰②：“年几何矣？”对曰：“鄙人之年八十五矣。”公曰：“寿哉！子其祝我③。”封人曰：“使君之年长于胡，宜国家。”公曰：“善哉！子其复之④。”封人曰：“使君之嗣，寿皆若鄙人之年。”公曰：“善哉！子其复之。”封人曰：“使君无得罪于民。”公曰：“诚有鄙民得罪于君则可，安有君得罪于民者乎？”

晏子谏曰：“君过矣！彼疏者有罪⑤，戚者治之⑥；贱者有罪，贵者治之；君得罪于民，谁将治之？敢问：桀纣，君诛乎？民诛乎？”

公曰：“寡人固也⑦。”于是赐封人麦丘以为邑。

（《晏子春秋·内篇·谏上》）

【注释】

①麦丘：地名。战国时齐邑。在今山东省商河县西北。

②封人：春秋时各诸侯国都设有封人，典守封疆。

③祝：祝福。

④复：再。

⑤疏者：这里指朝廷之外的官员。

⑥戚者：这里指君王的近臣。

⑦固：见识浅少。

【译文】

齐景公到麦丘巡游。问这里的封人说："你年纪多大了？"封人回答说："我八十五岁了。"齐景公说："长寿啊！先生为我祝福吧。"封人说："愿君主的年龄比胡公还要长，有利于国家。"齐景公说："好呀！先生再为我祝福。"封人说："愿君主的后代，都像我一样长寿。"齐景公说："善哉！先生再为我祝福。"封人说："让君主不要得罪民众。"齐景公说："民众得罪君主才有可能，哪有君主得罪民众的呢？"

晏子听了劝谏说："君主的话错了！那些远方的官员有罪，有您的近臣去惩治；低贱的人有罪，有高贵的人惩治；君主得罪了民众，有谁能惩治？请问，夏桀王、商纣王这样的国君，是被君主杀的呢，还是被民众杀的？"

齐景公一听，说："我真是见识浅薄了。"于是就把麦丘赏赐给封人作为食邑。

点 评

一个人要真正地认识自己，也许比做任何事情都更为困难，因为我们往往喜爱在意别人的举手投足，却总是不经意间就忽略自己的一言一行，所以，这时候我们就需要有人能够善意地给出有益的规劝，而且，对于善意的批评要能够虚心地接受，这样，才能使得自己的人格日益完善。

忠言逆耳

沛公见秦宫室、帷帐、狗马、重宝、妇女以千数，意欲留居之。樊哙谏曰[1]："沛公欲有天下耶，将为富家翁耶？凡此奢丽之物，皆秦所以亡也，沛公何用焉！愿急还霸上[2]，无留宫中！"沛公不听。张良曰："秦为无道，故沛公得至此。夫为天下除残贼，宜缟素为资[3]。今始入秦，即安其乐，此所谓'助桀所虐'。且忠言逆耳利于行，毒药苦口利于病[4]，愿沛公听樊哙言！"沛公乃还军霸上[5]。

（汉纪一）

【注释】

①樊哙：西汉开国元勋，大将军。

②霸上：在今西安市东。

③缟素：比喻俭朴。

④毒药：古人认为凡药就有三分毒性，故也称之为"毒药"。

⑤军：驻军。

【译文】

刘邦看到秦王朝的宫室、帷帐、名种狗马、贵重宝器和宫女数以千计，便想留下来在皇宫中居住。樊哙劝谏说："您是想拥有天下，还是只想作一个富翁啊？这些奢侈华丽之物，都是招致秦朝灭亡的东西，您要它们干什么呀！望您尽快返回霸上，不要滞留在宫里！”刘邦不听。张良说：“秦朝因为不行正道，所以您才能够来到这里。而为天下人铲除残余的逆贼，应以俭朴为根本。现在刚刚进入秦的都城，就要安享其乐，这就是人们所说的‘助桀为虐’了。况且忠实的劝告往往都是不好听的，但是却有利于人们的行；好药虽然是苦的但能治病，望您能听取樊哙的劝告！”刘邦于是率军返回霸上。

扩展阅读

景公省刑

景公欲更晏子之宅[①]，曰：“子之宅近市，湫隘嚣尘[②]，不可以居，请更诸爽垲者[③]。”晏子辞曰：“君之先臣容焉，臣不足以嗣之，于臣侈矣[④]。且小人近市，朝夕得所求，小人之利也。敢烦里旅？[⑤]”公笑曰：“子近市，识贵贱乎？”对曰：“既窃利之，敢不识乎？”公曰：“何贵何贱？”是时也，公繁于刑，有鬻踊者[⑥]。故对曰：“踊贵而屦贱。”公愀然改容。公为是省于刑。

（《晏子春秋·内篇·杂下》）

【注释】

①更：更换。

②湫（jiǎo）：低矮潮湿。

③诸：兼词，相当于“之于”。　爽垲：明亮干燥。

④侈：浪费。

⑤里旅：乡里群众。

⑥鬻（yù）：卖。　踊：这里指假足。

【译文】

齐景公想更换晏子的住宅，说：“你的住宅靠近市场，低湿、狭窄、喧闹、多尘，不适合居住。请您换一所明亮干燥的房子。”晏子辞谢说：“您的先臣我的祖父辈就住在这里，臣不足以继承先人的业绩，它对臣来说已经很奢侈了。况且小人靠近市场，在那里早晚都能得到自己所需要的东西，这是小人的方便呢。哪敢麻烦邻里迁居为我建房呢？”景公笑着说：“你靠近市场，知道物品的贵贱吗？”晏子回答说：“既然私下里得利于它，怎能不知道呢？”景公说：“什么贵？什么便宜？”当时，齐景公滥用酷刑，因为砍足的多，于是有了出售假脚的人。所以晏子回答说：“假脚贵，鞋子便宜。”齐景公听了露出悲悯凄怆的神色。景公因此而减少了刑罚。

点 评

这世上总有人去劝谏，也总有人不爱听直言，那么，这就要求劝谏者学会巧谏——把握适当的时机，并且说话要婉转。这里的樊哙就是因为直接进言而不被采纳，相反，张良通过巧妙讽喻终致那迷恋声色犬马而“意欲留居之”的沛公“还军霸上”。晏子则是借助景公赏赐的机会而巧谏，没费多少口舌就达到了“公为是省于刑”的目的。所以说，不管是谁，如果想让别人采纳你的主张，听取你的意见，那么，就不妨学着这些历史人物来个爽口良药、顺耳忠言，那样，又何愁不能达成自己的心愿呢？

曲突徙薪

客有过主人者，见其灶直突[1]，傍有积薪[2]，客谓主人：“更为曲突，远徙其薪，不者且有火患！”主人嘿然不应[3]。俄而家果失火，邻里共救之，幸而得息[4]。于是杀牛置酒，谢其邻人，灼烂者在于上行[5]，余各以功次坐，而不录言曲突者。人谓主人曰：“乡使听客之言[6]，不费牛酒，终亡火患[7]。今论功而请宾，曲突徙薪无恩泽，焦头烂额为上客邪？”主人乃寤[8]而请之。

（汉纪十七）

【注释】

①直突：直统统不拐弯的烟囱。

②傍：通“旁”，旁边。

③嘿然：沉默无言的样子。

④息：通“熄”，熄灭。

⑤灼烂：烧灼至于糜烂，指代烧伤。　上行：尊位。

⑥乡：通“向”。

⑦亡：通“无”。

⑧寤：通“悟”，觉悟，认识到。

【译文】

一个造访主人的客人，见主人家炉灶的烟囱是直的，旁边又堆有柴薪，便对主人说：“您的烟囱应改为弯曲的，并将柴薪搬到远处去，不然的话，将会发生火灾！”主人默然不理会。不久，主人家果然失火了，邻居们共同抢救，幸而将火扑灭。于是，主人家杀牛摆酒，对邻居表示感谢，在救火中烧伤的被请到上座，其余则各按出力大小依次就坐，却没有请那位建议他改弯烟囱的人。有人对这家主人说：“当初要是听了那位客人的劝告，就不用杀牛摆酒了，最终也不会有火灾。如今论功请客酬谢，建议改弯烟囱、移走柴薪的人没有功劳，而在救火时被烧得焦头烂额的人才是上客吗？”主人这才醒悟，将那位客人请来。

扩展阅读

防患未然

鲁昭公失国走齐[①]，齐公问焉[②]，曰：“君何年之少，而弃国之蚤？奚道至于此乎？[③]”昭公对曰：“吾少之时，人多爱我者，吾体不能亲；人多谏我者，吾忌不能从；是以内无拂[④]而外无辅，辅拂无一人，谄谀者甚众。譬之犹秋蓬也，孤其根而美枝叶，秋风一至，偾且揭矣[⑤]。”景公辩其言[⑥]，以语晏子，曰：“使是人反其国[⑦]，岂不为古之贤君乎？”晏子对曰："不然。夫愚者多悔，不肖者自贤，溺者不问队[8]，迷者不问路。溺而后问队，迷而后问路，譬之犹临难而遽铸兵[9]，临噎而遽掘井，虽速亦无及已。"

（《晏子春秋·内篇·杂上》）

【注释】

①失国：指失掉国家，即被推翻了君位。

②齐公：齐景公。

③奚：为什么。

④拂：通"弼"，辅佐。

⑤偾（fèn）：仆倒。　揭：掀起，扬起。

⑥辩：通"辨"，引申为"觉得……有道理"。

⑦反：通"返"。

⑧队：通"隧"，道路。

⑨遽：急忙，匆忙。

【译文】

鲁昭公失掉鲁国逃亡到齐国，景公问他说："您还这么年轻，为什么落到了这种地步呢？"昭公回答说："我年轻时，有很多热爱我的人，我自己却不能亲近他们；有很多劝谏我的人，我却没能采纳他们的意见。因此朝内朝外都没有辅佐我的人。辅佐我的没有一个人，阿谀奉承我的人却很多。这就好像秋天的蓬草，根很孤单，可枝叶却很繁茂，秋风一到，它就仆倒在地然后被风扬起来了。"景公认为他的话巧妙有理，就把这话告诉了晏子，说："假如让这个人返回他的国度，他岂不是会成为像古代圣贤君主那样的国君吗？"晏子回答说："不可能。愚蠢的人总好悔恨，不贤的人总认为自己贤明，被水淹着的人不问蹚水的路线，迷失目标的人不探询道路。淹着后再问蹚水的路线，迷失目标后再探询道路，这就好像面对外敌入侵的灾祸才急忙去铸造兵器，噎着以后才急忙去挖井，再快也来不及了。"

点 评

古代有一则寓言叫《亡羊补牢》，说的是一个农夫发现他的羊有几只被狼吃掉了，就赶紧把羊圈修牢，这样做是有一定的道理。然而，细想就会发现其实他的羊本来可以一只都不丢的，因为他之前就应该把这些意外考虑到。这则寓言给人们提出了这样的警告：凡事最好先把意外想到，否则，后果难以预料。

心正笔正

上见夏州观察判官柳公权书迹[1]，爱之。辛酉，以公权为右拾遗、翰林侍书学士。上问公权："卿书何能如是之善？[2]"对曰："用笔在心，心正则笔正。"上默然改容[3]，知其以笔谏也。

（唐纪五十七）

【注释】

①上：皇上，指唐穆宗。　柳公权：字诚悬，唐代著名书法家。

②改容：变了脸色。

【译文】

唐穆宗看到夏州观察判官柳公权的书法墨迹，十分喜爱。辛酉（十九日），任命柳公权为右拾遗、翰林侍书学士。穆宗问柳公权："你的书法为什么写得这么好？"柳公权回答说："写字运笔关键在于用心，心正则笔正。"穆宗听后默然不语，神色也改变了，因为他知道柳公权是以用笔作譬来规劝自己。

扩展阅读

智救圉人

景公有马，其圉人杀之[①]。公怒，援戈将自击之[②]。晏子曰："此不知其罪而死，臣请为君数之，令知其罪而杀之！"公曰："诺。"晏子举戈而临之曰[③]："汝为吾君养马而杀之，而罪当死[④]；汝使吾君以马之故杀圉人，而罪又当死；汝使吾君以马故杀人，闻于四邻诸侯，汝罪又当死。"公曰："夫子释之！夫子释之！勿伤吾仁也。"

（《说苑·正谏》）

【注释】

①圉（yǔ）人：养马的人。

②援：执，持。

③临：面对。

④而：你。

【译文】

齐景公有匹马，被他的马夫杀了。齐景公很是生气，拿着戈要亲自杀养马的人。晏子说："这个人还不知道自己的罪过就要被处死，请让我为您历数他的罪过，让他知道自己犯了什么罪再杀掉他。"齐景公说："好的。"晏子举着戈站到那位马夫面前说道："你为我们大王养马却把马杀了，你的罪过应当死；你让我们大王因为马的原因而杀了你，你的罪过应当死；你让我们国君因为马而杀人，被四周的诸侯听说了君王的不仁，你的罪过又应当死。"齐景公听到这里忙说："先生请放了他，放了他，别败坏了我仁义的名声。"

点 评

有很多高明之士在劝谏的时候往往不是逆着所劝对象进谏，而是通过譬喻等方式迂回而进，既不失对方面子，又能让人愉快地接受。柳公权就笔说事，趁机劝谏"用笔在心，心正则笔正"，可谓言约而意远——为君又何尝不是如此呢？而晏子的进谏更为巧妙，他在景公要杀其圉人的情况下，先是顺着景公之意说其人该杀，从而让景公放松了警惕，最后一转："汝使吾君以马故杀人，闻于四邻诸侯，汝罪又当死。"这时，景公始悟：要杀圉人，则自己不仁，而且会因此名闻诸侯，实在不划算，于是便给自己一个台阶："夫子释之，勿伤吾仁也。"这既劝谏了景公要行仁道，又救了圉人，一石二鸟，何其妙哉。其实，现实生活中我们在劝人或者推行自己主张的时候如果也学着用这样迂回而进、借喻说理的方式，一定也会收到事半功倍的效果。

智瑶拒谏

及智宣子卒，智襄子为政，与韩康子、魏桓子宴于蓝台[①]。智伯戏康子而侮段规[②]。智国闻之[③]，谏曰："主不备难，难必至矣！"[④]智伯曰："难将由我。我不为难，谁敢兴之[⑤]？"对曰："不然。《夏书》有之[⑥]：'一人三失，怨岂在明，不见是图[⑦]。'夫君子能勤小物[⑧]，故无大患。今主一宴而耻人之君相[⑨]，又弗备，曰'不敢兴难'，无乃不可乎！蚋、蚁、蜂、虿[⑩]，皆能害人，况君相乎！"弗听。

（周纪一）

【注释】

①韩康子：原名韩虎，晋国韩氏的领袖。　魏桓子：又称魏宣子，晋国魏氏的领袖。　蓝台：晋地名，今所在地不详。

②段规：魏桓子的相。

③智国：晋国大夫。

④难：灾难。

⑤兴：发动。

⑥《夏书》：指《尚书·夏书·五子之歌》。

⑦图：考虑。

⑧小物：小事情，细微之处。

⑨耻：羞辱，这里引申为开罪。　君相：主君和臣相。

⑩蚋：古同“蚋”，蚊子。　虿（chài）：蝎子一类的毒虫。

【译文】

到了智宣子去世时，智襄子便开始当政，一次他与韩康子、魏桓子在蓝台饮宴，席间智瑶戏弄韩康子，还侮辱了他的家相段规。大夫智国听说了，就告诫智襄子说：“主公您不小心提防灾祸，灾祸就一定会降临呀！”智瑶说：“什么灾祸都取决于我。我不给他们降临灾祸，谁还敢制造灾祸呢！”智国回答说：“不是这样的。《夏书》中说：‘一个人多次犯错误，结下的仇怨又怎会只是在明处呢？而应该在它没有表现出来时就要小心提防。’有贤德的人因为能够谨慎地处理小事，所以不会招致大的灾祸。而今主公您一次宴会就开罪了人家的主君和臣相，还不戒备，还说：‘不敢制造灾祸。’这恐怕不好吧！就连蚊子、蚂蚁、蜜蜂、蝎子，都能害人，更何况是国君、国相呢！”智瑶不听。

扩展阅读

景公闻命

景公之时[①]，雨雪三日而不霁[②]，公被狐白之裘[③]，坐于堂侧阶。晏子入见，立有间，公曰：“怪哉！雨雪三日而不寒。”晏子对曰：“天不寒乎？”公笑。晏子曰：“婴闻古之贤君，饱而知人之饥，温而知人之寒，逸而知人之劳，今君不知也。”公曰：“善！寡人闻命矣[④]。”乃令出裘发粟，以与饥寒者。令所睹于途者，无问其乡；所睹于里者[⑤]，无问其家；循国计数[⑥]，无言其名。士既事者兼月[⑦]，疾者兼岁。孔子闻之曰：“晏子能明其所欲，景公能行其所善也。”

（《晏子春秋·内篇》）

【注释】

①景公：齐景公。

②雨（yù）雪：下雪。

③被：通“披”，穿着。　狐白之裘：集狐腋下的白毛制成的裘（皮衣），这是裘中最珍贵的。

④闻命：受教。

⑤里：指里巷。

⑥循：通“巡”，巡视，巡查。

⑦士：这里指读书人。　既事：指任职。　兼月：两个月。

【译文】

齐景公在位时，一次连下三天大雪还不放晴。景公披着白色狐皮大衣，坐在正堂前的台阶上。晏子进宫谒见，站了一会儿，景公说：“奇怪啊！下了三天雪可是天气竟然不冷。”晏子回答说：“天气不冷吗？”景公笑了。晏子说：“我听说古代贤德的国君自己吃饱却知道别人的饥饿，自己穿暖却知道别人的寒冷，自己安逸却知道别人的劳苦。现在君王却不知道呀。”景公说：“说得好！我听从您的教诲了。”便命人发放皮衣、粮食给饥饿寒冷的人。还命令凡是在路上见到的，不必问他们是哪乡的；在里巷见到的，不必问他们是哪家的；巡视全国，统计数字，不必记他们的姓名。读书人已任职的发给两个月的粮食，病困的人发给两年的粮食。孔子听说后说：“晏子能阐明他的愿望，景公能实行他认识到的德政。”

点评

人都不是天生的圣贤，犯错也就在所难免，就像那高高在上的智襄子、齐景公也一样会有一些失误的事件。那么，在犯错之时，就要正确对待有益的规劝，否则，也许会祸事临身，灾难不断。这里的智襄子就是不听劝告，以至于因为这次酒宴而发生了后来的晋阳之难——段规归后，首先策划叛乱，消灭了智氏，还把智襄子的头颅制成酒器把玩。而齐景公面对晏子善意的良言，能够幡然醒悟——“出裘发粟”给子民御“饥寒”，这样的行为怎会不让国民人心相向？古往今来又有多少从谏如流者不是美名流传？那么，我们是否可以从这里吸取这样的教训和经验——为人莫轻狂，学会尊重他人，能够听取善言。

江乙巧喻

楚昭奚恤为相[1]。江乙言于楚王曰[2]："人有爱其狗者，狗尝溺井[3]，其邻人见，欲入言之，狗当门而噬之[4]。今昭奚恤常恶臣之见[5]，亦犹是也。且人有好扬人之善者，王曰：'此君子也'，近之；好扬人之恶者，王曰：'此小人也'，远之。然则且有子弑其父、臣弑其主者，而王终已不知也。何者？以王好闻人之美而恶闻人之恶也。"王曰："善！寡人愿两闻之。"

（周纪二）

【注释】

①昭奚恤：楚宣王时担任令尹。

②江乙：又名江一，生卒年不详。魏国人，仕于楚国。

③溺（niào）：同“尿”，小便。

④噬：咬。

⑤恶（wù）：讨厌。

【译文】

楚国任用昭奚恤为国相。江乙对楚王说：“有个宠爱自己狗的人，狗向井里撒尿，邻居看见了，想到他家里去告诉他，却被狗堵住门咬了。现在昭奚恤常常阻挠我来见您，就像恶狗堵门一样。况且一有专说别人好话的人，您就说：‘这是君子啊！’便亲近他；而对爱指出别人缺点的人，您总是说：‘这是个小人。’便疏远他。然而人世间有儿子杀父亲、臣下杀君主的恶人，您却始终不知道。为什么呢？原因在于您只爱听对别人的称颂，不爱听对别人的指责呀！”楚王听后说：“你说得对，今后我要听取两方面的言论。”

扩展阅读

桓公灭郐

郑桓公将欲袭郐[①]，先问郐之豪杰、良臣、辩智果敢之士，尽与姓名[②]，择郐之良田赂之，为官爵之名而书之[③]。因为设坛场郭门之外而埋之[④]，衅之以鸡豭[⑤]，若盟状。郐君以为内难也[⑥]，而尽杀其良臣。桓公袭郐，遂取之。

（《韩非子·内储说下》）

【注释】

①郐（kuài）：西周时诸侯国名，在今河南省密县东北。

②与：通“举”，记录。

③书：书写。

④因：于是。　坛场：古代设坛举行祭祀、继位、盟会、拜将等大典的场所。　郭门：外城门。

⑤衅：血祭，古代结盟时宰杀牲畜表示忠诚的一种仪式。　豭（jiā）：公猪。

⑥内难：国家内部的动乱。

【译文】

郑桓公将要偷袭郐国，就先打听郐国的英雄豪杰、贤臣、明智善辨果断勇敢的人士，并把他们的姓名全都记录好，然后挑选郐国的良田写在他们名下表示贿赂了他们，还把官爵名称写在他们名下表示收买了他们。在外城的广场上设立坛场并把这些名单埋在下面，然后用鸡和猪的鲜血洒在上面进行血祭，像订立了盟约的样子。郐国君主以为内部发生了叛乱，觉得这些人私通郑国而把这些贤能的臣子全杀了。知此情景后郑桓公袭击郐国，随后就夺取了它。

点　评

大千世界，万象纷纭，仅凭肉眼谁能一下子辨得出假和真？所以，这时候不仅要“愿两闻”，更要注意考察才对，不然的话就会像郐君那样只看表象而不推究事实终致国破家亡，千秋遗恨！其实，现实生活中类似的事情也并不少见，所以，对那些称赞或者诋毁别人的话应谨慎处理才对。

抱薪救火

魏段干子请割南阳予秦以和[1]。苏代谓魏王曰[2]："欲玺者，段干子也；欲地者，秦也。今王使欲地者制玺，欲玺者制地，魏地尽矣！夫以地事秦，犹抱薪救火[3]，薪不尽，火不灭。"王曰："是则然也。虽然，事始已行，不可更矣！"对曰："夫博之所以贵枭者[4]，便则食，不便则止。今何王之用智不如用枭也？"魏王不听，卒以南阳为和[5]。

（周纪四）

【注释】

①段干子：魏国大将。

②苏代：战国时纵横家。　东周洛阳人。苏秦族弟。

③犹：如。

④博：古时有一种棋叫“六博”，每方各有一枭子和五散子。

⑤卒：最终。

【译文】

魏国的段干子建议割让南阳给秦国用来求和。苏代对魏王说：“想保住相印的是段干子之流；想占据魏国的领土的是秦国。现在大王您让想夺土地的秦国控制相印，让想要相印的段干子来控制魏国土地，这样他们互相勾结，魏国的土地就会丧失干净！用割地的方式去讨好秦国，就好比抱着干柴去救火，干柴烧不完，火是不会灭的。”魏王说：“话虽是如此，但是，事情已经开始进行，无法改变了。”苏代回答说：“下棋时之所以重视‘枭子’，是因为这个棋子方便时可以吃子，不便时可以停止。现在大王使用智谋为什么还不如下棋用‘枭子’那样灵活呢？”魏王没有听从苏代的劝告，最终还是割让了南阳来求和。

扩展阅读

六国之失

秦以攻取之外，小则获邑，大则得城。较秦之所得，与战胜而得者，其实百倍；诸侯之所亡[①]，与战败而亡者，其实亦百倍。则秦之所大欲，诸侯之所大患，固不在战矣。思厥先祖父[②]，暴霜露，斩荆棘，以有尺寸之地。子孙视之不甚惜，举以予人，如弃草芥。今日割五城，明日割十城，然后得一夕安寝。起视四境，而秦兵又至矣。然则诸侯之地有限，暴秦之欲无厌，奉之弥繁[③]，侵之愈急。故不战而强弱胜负已判矣。至于颠覆，理固宜然。古人云："以地事秦，犹抱薪救火，薪不尽，火不灭。"此言得之。

（《六国论》④）

【注释】

①亡：失去。

②厥：他的，那个的。

③弥：更加。

④《六国论》：苏洵政论文的代表作品，提出并论证了六国灭亡"弊在赂秦"的精辟论点。

【译文】

秦国除了用战争夺取土地以外，还受到诸侯的贿赂，小的就获得邑镇，大的就获得城池。比较受贿赂所得的土地与战胜别国所得到的土地，前者实际多百倍。六国诸侯贿赂秦国所丧失的土地与战败所丧失的相比，实际也要多百倍。那么秦国最想要的，与六国诸侯最担心的，本来就不在于战争。想想他们的祖辈和父辈，冒着寒霜雨露，劈荆斩棘，才有了很少的一点土地。可是子孙们对那些土地却不很爱惜，全都拿来送给别人，就像扔掉小草一样不珍惜。今天割掉五座城，明天割掉十座城，这才能睡一夜安稳觉。明天起床一看四周边境，秦国的军队又来了。既然这样，那么诸侯的土地有限，强暴的秦国的贪欲永远不会满足，诸侯送给他的越多，他侵犯得就越急迫。所以用不着战争，谁强谁弱，谁胜谁负就已经决定了。到了覆灭的地步,也是不可避免的了。古人说："用土地侍奉秦国，就好像抱柴救火，柴不烧完，火就不会灭。"这话说得很正确。

点 评

作为一个实力不济的集体，难免会面对这样的或者那样的强敌，这时候是该出手时就出手呢，还是为了苟活任由对方侵犯自己的利益？这一点，不管是战国时的苏代，还是宋代的苏洵，都给了我们深刻的教育："以地事秦，犹抱薪救火，薪不尽，火不灭。"也就是警告人们：仅仅靠被动的忍气吞声，实在是毫无意义，最终只会把自己弄得一无所有，他日"起视四境"，而对手"又至矣"。想想看，当年的大清国割给列强那么多土地，最终不还是照样挨打受气？所以，不管是大国，还是小国，遇到这样的情况首先要做的是团结一心，努力提升自己的竞争力，这样，才能立于不败之地。

胡亥乐谀

当是时，诸郡县苦秦法，争杀长吏以应涉[①]。谒者使从东方来[②]，以反者闻。二世怒[③]，下之吏。后使者至，上问之，对曰："群盗鼠窃狗偷，郡守、尉方逐捕，今尽得，不足忧也。"上悦。

（秦纪二）

【注释】

①应：响应。　涉：即陈胜，字涉。

②谒者：官名。春秋战国时国君左右掌传达等事的近侍。

③二世：指秦二世胡亥。

【译文】

在当时，各郡县的百姓都苦于秦朝法令的残酷苛刻，因此争相诛杀当地官吏来响应陈胜。秦王朝的谒者从东方来到朝廷，就把反叛的情况上奏给秦二世。秦二世听后勃然大怒，当即将谒者交给司法官吏问罪。这样，之后来的使者，当二世向他们询问情况时，他们便回答道："一群盗贼不过是鼠窃狗偷之辈，郡守、郡尉正在对他们进行追捕，现在都已经全部抓获，不值得为此担忧了。"秦二世于是颇为高兴。

扩展阅读

虢君好谀

昔者虢君骄恣自伐[①]，谄谀亲贵，谏臣诘逐，政治糅乱[②]，国人不服。晋师伐之，虢人不守，虢君出走，至于泽中，曰："吾渴而欲饮。"其御乃进清酒。曰："吾饥而欲食。"御进腶脯粱糗[③]。虢君喜曰："何给也？"御曰："储之久矣。"曰："何故储之？"对曰："为君出亡而道饥渴也。"君曰："知寡人亡邪？[④]"对曰："知之。"曰："知之，何以不谏？"对曰："君好谄谀而恶至言，臣愿谏，恐先虢亡。"虢君作色而怒。御谢曰："臣之言过也。"有间，君曰："吾之亡者，诚何也？"其御曰："君弗知耶？君之所以亡者，以大贤也。"虢君曰；"贤，人之所以存也；乃亡，何也？"对曰："天下之君皆不肖，夫疾吾君独贤也[⑤]，故亡。"虢君喜，据式而笑曰[⑥]："嗟！贤固若是苦耶！"遂徒行而于山中居；饥倦，枕御膝而卧。御以块自易[⑦]，逃行而去。君遂饿死，为禽兽食。

（《新书·先醒》[⑧]）

【注释】

①虢（guó）：古国名。　自伐：自矜。

②糅乱：错谬杂乱。

③脯：干肉。　粱：通"粱"。　糗（qiǔ）：干饭。

④亡：逃亡。

⑤疾：通"嫉"，妒忌。

⑥式：通"轼"，古代车厢前面用作扶手的横木。

⑦块：石块。　易：替换。

⑧《新书》：西汉初年贾谊的政治哲学著作。

【译文】

从前，虢国的国君骄横武断，刚愎自用，亲近谄媚无道、阿庚奉承的小人并使他们显贵，放逐杀戮那些忠言直谏的贤臣，政事腐败，民怨沸腾。晋国乘机发兵攻打。虢国军民不愿为他守城，虢君只得落荒逃命。来到一处荒泽中，虢君说："我渴得很，想喝点什么。"他的车夫拿出水酒请他喝。虢君又说："我饿，想吃点东西。"他的车夫又拿出干肉和炒米等请他吃。吃好后虢君高兴地问："吃的喝的哪儿来的？"车夫答："很早就储备下了。"虢君又问："你为什么要储备呢？"车夫答："准备您逃亡时，在路上解渴充饥呀。"虢君说："你预先就知道我要逃亡吗？"车夫答："知道。"虢君说："既然知道为什么不劝谏我呢？"车夫说："您喜欢听奉承的话而讨厌中肯的意见。我想劝谏，恐怕死得比虢国还灭亡得早。"虢君听到这里气得变了脸色，勃然动怒。车夫连忙谢罪说："我说错了。"过了一会儿，虢君说道："我逃亡的原因到底何在？"车夫回答："您难道不知道吗？您之所以逃亡是因为太贤明了。"虢君说："贤明的人是应该长存的，而我现在却亡命出走，这是为什么呢？"车夫说："天下的君王都不贤，他们妒忌您的贤明，所以您要亡命在外。"虢君听了心里乐滋滋的，伏在车轼上笑着说："唉！贤明的人一定要这样受苦吗？"结束谈话后，虢君和车夫步行到深山中隐居。到了山里虢君又饥又乏，枕着车夫的腿昏昏睡去。车夫悄悄用石头换出自己的腿，离开虢君逃走了。虢君孤身一人很快就饿死在山中，被凶禽猛兽吃掉了。

点评

在这个世界上，真正讳疾忌医的何止蔡桓公，那么，最终为之付出严重代价的自然也就层出不穷。不是吗？看看这里的"二世怒"与"虢君作色而怒"，就知道他们只愿粉饰太平，如此，又如何不会闭塞圣听？又怎会真正地了解民情？那么，秦二世国家的短命、虢君的饿死山中也就是必然的事情。读这样的历史，其实带给我们的远不止是心痛，更重要的是对我们无言的警醒：听真话，重事实，从而作出正确的抉择，这对于我们的人生是多么重要。

文帝遗诏

帝召东中朗将蒋济为散骑常侍[1]。时有诏赐征南将军夏侯尚曰[2]："卿腹心重将，特当任使，作威作福，杀人活人[3]。"尚以示济。济至，帝问以所闻见，对曰："未有他善，但见亡国之语耳。"帝忿然作色而问其故[4]，济具以答，因曰："夫'作威作福'，《书》之明诫[5]。天子无戏言，古人所慎；惟陛下察之！[6]"帝即遣追取前诏。

（魏纪一）

【注释】

①帝：魏文帝曹丕。　蒋济：魏国重臣。

②夏侯尚：曹魏武将，夏侯渊之侄。

③活：赦免。

④忿：怨恨、发怒。

⑤《书》：《尚书》。　诫：规诫。

⑥惟：愿。

【译文】

文帝征召东中郎将蒋济为散骑常侍。当时曾下诏书给征南将军夏侯尚说："你是我非常信任的重要将领，特别委以重任，随你作威作福，有杀人和赦免人的特权。"夏侯尚把诏书拿给蒋济看了。之后蒋济抵达京城，文帝问他有什么见闻，蒋济回答说："没有什么可称道之处，只听到了亡国之音罢了。"文帝听后很生气，脸上立刻变了颜色，问他这么说的原因。蒋济如实回答说："'作威作福'，《尚书》对此做了明确的告诫。天子无戏言，古人对这一点非常慎重，还请陛下明察！"文帝立即下令追回给夏侯尚的诏书。

扩展阅读

君不私故

濮州刺史庞相寿坐贪污解任[①]，自陈尝在秦王幕府；上怜之，欲听还旧任[②]。魏征谏曰："秦王左右，中外甚多，恐人人皆恃恩私，足使为善者惧。"上欣然纳之，谓相寿曰："我昔为秦王，乃一府之主；今居大位，乃四海之主，不得独私故人。大臣所执如是，朕何敢违！"

（《资治通鉴·唐纪九》）

【注释】

①坐：因为。

②听：任凭。

【译文】

濮州的刺史庞相寿因为贪污而被撤职，他自己说自己曾经在唐太宗作为秦王时就在他手下工作。皇上可怜他，想让他重新归来担任职务。魏征规劝说："秦王身边宫内宫外的故人很多，恐怕人人都依赖亲情私交，这会使为善的人害怕。"皇上开心地接纳了规劝，对相寿说："我曾经为秦王，是一府的主人，现在居于重要的地位，是整个国家的主人，不能够独自偏私故人，魏征等大臣所坚持的是对的，我怎敢违背！"

点 评

李渔有言："人唯求旧，物唯求新。"是的，无论谁都难免会对故人亲近，因为对故人了解，对故人有感情。但不能对其亲近得忘了国家的法律，否则，就会致使一些政策法令难以贯彻执行。所以，有识之士对此都很谨慎。就像蒋济面对曹丕的对其心腹大臣过度宠信进行劝谏，过于宠信心腹有亡国的危险，从而让文帝大悟而"遣追取前诏"；魏征针对唐太宗意欲再用有罪被解职的故人提出："秦王左右，中外甚多，恐人人皆恃恩私，足使为善者惧。"

十思疏谏

魏征上疏，以为："人主善始者多，克终者寡，岂取之易而守之难乎？盖以殷忧则竭诚以尽下①，安逸则骄恣而轻物；尽下则胡、越同心②，轻物则六亲离德，虽震之以威怒，亦皆貌从而心不服故也。人主诚能见可欲则思知足，将兴缮则思知止③，处高危则思谦降④，临满盈则思挹损⑤，遇逸乐则思撙节⑥，在宴安则思后患，防壅蔽则思延纳，疾谗邪则思正己，行爵赏则思因喜而僭⑦，施刑罚则思因怒而滥，兼是十思，而选贤任能，固可以无为而治，又何必劳神苦体以代百司之任哉⑧！"

（唐纪十）

【注释】

①殷忧：严重的忧患。

②胡、越：古时候多称北方少数民族为胡，南方少数民族为越。这里泛指各民族。

③兴缮：兴修，兴治。

④高危：指尊高的帝位。　谦降：谦下，不自高自大。

⑤挹损：减少，缩小。

⑥撙节：抑制，节制。

⑦僭：过分。

⑧百司：百官。

【译文】

魏征上奏疏认为："君主能够开头做的好的较多，能够一直做的很好的却很少，难道是攻取天下容易而守住天下很难吗？大约因为是身处忧患中就会竭心尽力地对待百姓，而一但安逸就骄横恣肆而轻薄怠慢；要能竭心尽力待人，那么就连胡、越等少数民族也会同心协力，轻薄怠慢就会导致亲属也离心离德，即使以神威圣怒恐吓天下，臣下也都是外表顺从而内心不服。君主如果能够做到见到希望得到的东西则想到知足，将要兴土木的时候想到适可而止，身处高处就想着谦卑，面临盈满就想着减损，遇到安逸享乐就想着节制，在平安的时候就想到忧患，防止闭目塞听就想到延纳谏言，痛恨谗言邪恶就想着端正自己，进爵封赏时就想着由于高兴而乱行封赏，施刑罚时想到会因为恼怒而滥罚。君主常常思考着这十个方面，而选用贤能之士，这样就可以达到无为而治，又何必劳神费力以代行百官的职责呢？"

扩展阅读

伯禽受命

成王封伯禽为鲁公，召而告之曰："尔知为人上之道乎[①]？凡处尊位者，必以敬下，顺德规谏，必开不讳之门，蹲节安静以藉之[②]。谏者勿振以威，毋格其言[③]，博采其辞，乃择可观。夫有文无武[④]，无以威下；有武无文，民畏不亲。文武俱行，威德乃成。既成威德，民亲以服，清白上通，巧佞下塞[⑤]，谏者得进，忠信乃畜[⑥]。"伯禽再拜受命而辞。

（《说苑·君道》）

【注释】

①人上：众人之上。旧指最高统治地位。

②藉：抚慰，慰藉。

③格：阻止。

④文：文治。

⑤巧佞：机巧奸诈，阿谀奉承。

⑥畜：收容。

【译文】

成王封伯禽为鲁公，召见伯禽并告诫他说："你知道做人主的道理吗？凡是在高位的人一定尊重人，听从人们的劝诫。要打开言论无忌的大门，克制自己的情绪并以平静的心态来抚慰进谏的人。对那些敢说直话的人，不要拿自己的威严去震慑，也不不要阻止他们说话，要广泛地听取别人的意见，然后选取有价值的。只有文治没有武功，就无法威服天下人；只有武功而无文治，人民只会敬畏你而不会亲近你，只有文治武功都有了，才能表现出威严和德政；有了威严和德政，人民才会亲近你，服从你，使操守廉洁的人能够通达上层，长于谄媚的小人被堵塞在下层，敢直言的人能被进用，忠诚信义的人才能留得住。"伯禽便向成王拜了两拜，接受了成王的告诫，道谢而去。

点 评

究竟该怎样做一个被人民爱戴的君王，对此，古往今来一直都有很多人在探讨。总之，不管怎么样，都离不开这么几条：礼贤下士，广开言路，居安思危，当止则止，亲贤远佞，选贤任能，赏勿滥，罚有度，为人能自制等，而这也正是魏征的"十思"所告诉我们的，也是成王告诫伯禽给我们的启示。而最重要的就是对于这些能够善始善终地坚守，否则，无论多么好的做法，不能坚持也都难以达到理想的效果。所以，纵观历史每一个朝代，往往都是前中期的时候有过兴盛，到后来朝廷涣散，奸臣当道，腐败横行，民不聊生，何哉？诚如李贽所言：乱自上作。也就是现在人们所说的上梁不正下梁歪。这就是说明了这么一个现象："人主善始者多，克终者寡。"

高宗责臣

上屡责侍臣不进贤[1]，众莫敢对。司列少常伯李安期对曰[2]："天下未尝无贤，亦非群臣敢蔽贤也。比来公卿有所荐引[3]，为谗者已指为朋党[4]，滞淹者未获伸而在位者先获罪[5]，是以各务杜口耳！陛下果推至诚以待之，其谁不愿举所知！此在陛下，非在群臣也。"上深以为然。

（唐纪十七）

【注释】

①上：皇上，指唐高宗。

②李安期：唐高宗时期名臣。

③比来：近来。

④为：被。

⑤滞淹：谓人沉抑于下而不得升进，亦指滞淹之人。

【译文】

唐高宗多次责备身边大臣不推荐贤人，众人谁也不敢答话。司列少常伯李安期回答说："天下不是没有贤人，也不是群臣敢于埋没贤人。而是近来公卿有所推荐的，已经被那些好进恶言的人指责为结党营私，失意的贤者尚未得到进用，在位的人先已获罪，于是各人赶忙闭口了。陛下果真能诚心诚意对待臣下，有谁不愿意推举所知道的贤人呢！这个问题关键在于陛下，不在于群臣。”唐高宗很同意他的看法。

扩展阅读

贤不自贤

昔者禹一沐而三捉发，一食而三起，以礼有道之士，通乎己之不足也。通乎己之不足，则不与物争矣。愉易平静以待之，使夫自得之，因然而然之，使夫自言之。亡国之主反此，乃自贤而少人①。少人则说者持容而不极②，听者自多而不得③。虽有天下，何益焉？是乃冥之昭④，乱之定，毁之成，危之宁。故殷、周以亡，比干以死，悖而不足以举⑤。

（《吕氏春秋·谨听》）

【注释】

①自贤：自以为贤。　少人：轻视别人。

②持容：矜持。

③自多：自满，自夸。　不得：一无所得。

④冥之昭：把昏暗当光明。　冥，昏暗。　昭，光明。

⑤悖：悖乱的事情，名词。

【译文】

从前禹洗一次头要多次握住头发停下来，吃一顿饭要多次站起身来，以便依礼待有道之士，弄懂自己所不懂的东西。弄懂了自己所不懂的东西，就能不争外物了。贤主用平易近人的态度对待有道之士，使他们各得其所，一切都顺其自然，让他们尽情讲话。亡国之君却与此相反，他们看重自己而轻视别人。轻视别人，那么游说的人就矜持而不尽情发言了。听取意见的人只看重自己就会一无所得。这样即使享有天下，又有什么益处呢？这实际上就是把昏暗当成光明，把混乱当成安定，把毁坏当成成功，把危险当成安宁。所以商周因此而被灭亡，比干因此而被处死，如此悖乱的事例真是举不胜举。

点 评

自古以来，有识之士都知道国家之间的竞争其实就是人才的竞争，因为只有拥有了足够的人才才可以无往而不胜。所以，大禹为了赢得人才而“一沐而三捉发，一食而三起，以礼有道之士”，结果是“己之不足”得以“通”，自己的短处得到了补充，从而提升了自己的人生，也使得自己的国家得以强盛。而唐高宗也有进贤的心情，但是他自己却有所蒙蔽，而致使“比来公卿有所荐引，为谗者已指为朋党，滞淹者未获伸而在位者先获罪”，这样，他想得到贤士又怎么可能？因为他不够“至诚”！这其实也是在告诫后人：进贤不是口头作秀，而是要付出行动。同时，为人主者还要做到不“自贤而少人”，只有这样，才能把贤士的心灵打动，使之敞开心怀，把其智慧为我所用，这样一来，何事不成？

元忠封事

太学生宋城魏元忠上封事[①]，言御吐蕃之策，以为："理国之要，在文与武。今言文者则以辞华为首而不及经纶[②]，言武者则以骑射为先而不及方略，是皆何益于理乱哉！故陆机著《辨亡》之论[③]，无救河桥之败[④]，养由基射穿七札[⑤]，不济鄢陵之师[⑥]，此已然之明效也。古语有之：'人无常俗，政有理乱；兵无强弱，将有巧拙。'故选将当以智略为本，勇力为末。今朝廷用人，类取将门子弟及死事之家[⑦]，彼皆庸人，岂足当阃外之任[⑧]！李左车、陈汤、吕蒙、孟观，皆出贫贱而立殊功，未闻其家代为将也。"

（唐纪十八）

【注释】

①封事：密封的奏章。古时臣下上书奏事，防有泄漏，用皂囊封缄，故称。

②经纶：筹划治理国家大事。

③《辨亡》：《辨亡论》，西晋文学家陆机有感于吴国之所以兴及其所以亡而写的文章。

④河桥之败：陆机平"八王之乱"时在河桥兵败。

⑤养由基：春秋时期楚国的射箭能手。　札：甲胄，因该类甲片形

似书札，所以又称“甲札”。

⑥鄢陵之师：指鲁成公十年（前581年），楚、晋两国在鄢陵交战。

⑦死事：指为国事而死。

⑧阃（kǔn）：指京城或朝廷以外，亦指外任将吏驻守管辖的地域，与朝中、朝廷相对。

【译文】

太学生宋城人魏元忠给皇上上密封的奏章，谈论防御吐蕃的计策，他认为：“治理国家的关键在文和武两个方面。现在讲文的人只以言辞华丽为首要，而不涉及筹划治理国家大事；讲武的人只以骑马射箭为先，而不涉及计谋策略。这对治乱有什么益处呢？所以陆机虽然著《辩亡论》，但挽救不了他自己在河桥的败亡；养由基有射穿七层甲片的勇力，也不能避免楚军在鄢陵之战中失败。这已经是人所共知的事实。古语中有这样的说法：‘人没有一成不变的习俗，政事却有治理的好和坏；兵士无所谓强与弱，将领却有聪明和笨拙之分。’所以选择将领应当以谋略为根本，勇力为次要。而现今朝廷用人，一般都录用将门子弟和为国事而牺牲的人的家属。他们都是平庸的人，怎么能担当军事重任呢！李左车、陈汤、吕蒙、孟观，都出身贫贱却建立了特殊功勋，未曾听说他们家世代都是武将呀。”

扩展阅读

虚谈废务

王右军与谢太傅共登冶城[①]，谢悠然远想，有高世之志。王谓谢曰：“夏禹勤王[②]，手足胼胝[③]；文王旰食[④]，日不暇给。今四郊多垒[⑤]，宜人人自效。而虚谈废务，浮文妨要[⑥]，恐非当今所宜。”

（《世说新语·言语》）

【注释】

①王右军：即王羲之。因曾任会稽内史，领右将军，人称“王右

军”。谢太傅：即谢安，死后追封太傅，故称。　冶城：故址在今南京市。

②勤王：为王事尽力。

③胼胝（pián zhī）：茧子。尧命禹治水，禹在外九年，由于操劳，手脚都起了茧子。

④旰（gàn）食：天黑了才吃饭。指勤于国事。

⑤四郊：这里指国都四郊，即都城郊外。　垒：防护军营的墙壁或堡垒。

⑥浮文：不切实际的文辞。　要：重要的事情。

【译文】

右将军王羲之和太傅谢安一起登上冶城，谢安悠闲地凝神遐想，很有超尘脱俗的志趣。王羲之就对他说：“夏禹操劳国事，手脚都长了茧子；周文王每天忙到天黑才吃上饭，总觉得时间不够用。现在国家战乱四起，人人都应当自觉地为国效劳。而空谈会荒废政务，浮华不实的文风会妨害国事，恐怕不是当前所应该做的吧。”

点　评

古语有云：“行者常至，为者常成。”这是告诉人们：凡事重在行动。正是意识到了这些，很多有识之士就主张选才要注重实际本领，不能只务虚华，就像魏元忠所说的那些“言文者”“以辞华为首而不及经纶”，则无“益于理乱”，还有像陆机能“著《辨亡》之论”却“无救河桥之败”，这的确是“虚谈废务，浮文妨要”呀，所以要学习夏禹和文王那种重在实践的品行。同时，选才更不要因为出身而设置人为的门槛，要唯才是举，不搞关系论，因为像“李左车、陈汤、吕蒙、孟观，皆出贫贱”而能“立殊功”，这就是人才与出身无关的最好证明。只有这样，才能让人才齐聚，才能使国家振兴。其实，古人的这些观点也给了每一个个体这样的启发：注重实践，摒弃空谈，只要锻炼出才能，就能建功立业。

冯道巧喻

上与冯道从容语及年谷屡登[1]，四方无事。道曰："臣常记昔在先皇幕府，奉使中山，历井陉之险[2]，臣忧马蹶，执辔甚谨，幸而无失；逮至平路，放辔自逸，俄至颠陨[3]。凡为天下者亦犹是也。"上深以为然。

（后唐纪五）

【注释】

①上：皇上，指后唐明宗。　登：成熟，丰收。

②井陉：地名，位于今河北省西陲。

③颠陨：坠落，跌落。

【译文】

后唐明宗和冯道从容地聊起近年来五谷丰登之事，四方无事之际。冯道说："我经常记起过去在先帝的幕府时，奉命出使中山，经过井陉的险要地方时，我常担忧马被摔倒，就非常小心谨慎地抓住缰绳，幸好没有失误；等到了平路时，放开缰绳让马自己去奔跑，不一会儿就跌倒了。凡是治理天下的道理也和这差不多。"后唐皇帝深深感到他讲得很对。

扩展阅读

防微杜渐

贞观十七年，太宗问谏议大夫褚遂良曰[①]："舜造漆器，禹雕其俎[②]，当时谏者十有余人。食器之间，何须苦谏？"遂良对曰："雕琢害农业，纂组伤女工[③]。首创奢淫，危亡之渐[④]。漆器不已，必金为之；金器不已，必玉为之。所以诤臣必谏其渐，及其满盈，无所复谏。"太宗曰："卿言是矣。朕所为事，若有不当，或在其渐，或已将终，皆宜进谏。比见前史，或有人臣谏事，遂答云'业已为之'，或道'业已许之'，竟不为停改。此则危亡之祸，可反手而待也。"

（《贞观政要·求谏》[⑤]）

【注释】

①太宗：唐太宗。　　遂良：褚遂良，初唐大书法家，曾任谏议大夫。

②俎（zǔ）：古代祭祀时放祭品的器物。

③纂组：编织，多指精美的织物。

④渐：成长，滋长。

⑤《贞观政要》：是一部政论性的史书。这部书以记言为主，所记基本上是贞观年间唐太宗李世民与臣下魏征、王珪、房玄龄、杜如晦等人关于施政问题的对话以及一些大臣的谏议和劝谏奏疏。

【译文】

贞观十七年，太宗问谏议大夫褚遂良说："从前虞舜制作漆器，夏禹雕饰祭器，当时劝谏他们的有十多人。对于饮食器皿一类的小事，何必苦谏呢？"褚遂良回答说："从事精雕细琢会妨害农耕，编织精美的织物会妨碍妇女的女红。首创奢侈淫逸，就是危亡的开端。有了漆器不满足，必然要用黄金来做。金器还不满足，必然要用玉石来做。所以谏诤之臣必须在事情的开端就进谏，等到已做完再劝谏也不起作用了。”太宗说：“你讲得很对，我所做的事情，如有不当，不论是在刚开始还是将做完，都应当及时进谏。近来我翻阅前朝史书的记载，有时臣下进谏，君主就回答说‘已经做了’，或者说‘已经同意做了’，终究不肯停止改正。这样下去危亡的灾祸在一反手之间就会到来。”

点评

汉代刘向在《说苑》中说：“患生于所忽，祸起于细微。”意思是告诫人们，祸患的发生大多是因为事情初期的怠惰和松懈。所以凡事要注意防微杜渐，在一开始的时候就要处处留心，尤其是在顺利的时候，更不能大意，不然就会像冯道所说的：“逮至平路，放辔自逸，俄至颠陨。”岂不悲哉？这里褚遂良对唐太宗的劝谏，更是如此，他清楚地看到了“千里之堤，溃于蚁穴”的危险，明白“禁微则易，禁末则难”的道理。而唐太宗也能够从善如流，遂有被后代史家称颂的“贞观之治”。

不拘一格选才俊

——用人篇

文侯选相

文侯谓李克曰[①]："先生尝有言曰：'家贫思良妻，国乱思良相。'今所置非成则璜[②]，二子何如？"对曰："卑不谋尊，疏不谋戚。臣在阙门之外[③]，不敢当命。"文侯曰："先生临事勿让。"克曰："君弗察故也。居视其所亲[④]，富视其所与，达视其所举，穷视其所不为，贫视其所不取，五者足以定之矣，何待克哉！"文侯曰："先生就舍[⑤]，吾之相定矣。"

（周纪一）

【注释】

①文侯：即魏文侯。　李克：魏文侯的卿相。

②成：魏成，魏文侯之弟。　璜：翟璜。

③阙门之外:指不在朝做官。　阙门，借指朝廷。

④居：平时。

⑤就舍：休息，这里借指回府。

【译文】

魏文侯对李克说："先生曾经说过：'家境贫寒就会思慕贤惠的妻子，国家动荡就会渴望贤能的宰相。'现在我选相不是魏成就是翟璜，这两人怎么样呢？"李克回答说："下属不参与尊长的事，外人不过问亲戚的事。臣子我在朝外任职，实在不敢接受命令。”魏文侯说：“先生不要临事推让！”李克说道：“国君您没有仔细观察呀！看人，平时看他所亲近的，富贵时看他所交往的，显赫时看他所推荐的，穷困时看他所不做的，贫贱时看他所不取的。仅此五条，就足以去断定人，又何必要等我来说呢！”魏文侯说：“先生请回府吧，我的国相已经选定了。”

扩展阅读

识人有道

夫知人之性，莫难察焉。美恶既殊，情貌不一，有温良而为诈者，有外恭而内欺者，有外勇而内怯者，有尽力而不忠者。然知人之道有七焉：一曰问之以是非而观其志，二曰穷之以辞辩而观其变[①]，三曰咨之以计谋而观其识，四曰告之以祸难而观其勇，五曰醉之以酒而观其性，六曰临之以利而观其廉，七曰期之以事而观其信[②]。

（《将苑·知人性》[③]）

【注释】

①辞辩：指辩论。

②期：限定时间。

③《将苑》：又称《诸葛亮将苑》《武侯将苑》《心书》《武侯心书》《新书》《武侯新书》等，传为诸葛亮所撰。

【译文】

这世上没有比真正了解一个人的本性更困难的事情了。美和丑是不同的，内心和外表也不一样，有的人外表温良却内心奸诈，有的人外表谦恭但内心虚伪，有的人貌似勇敢却内心懦弱，还有的人办事看似尽力实则动机不纯。而辨识一个人有七种方法：一是询问他对是非的判别来观察他的志向；二是用言辞论辩考问借以观察他的应变能力；三是向他咨询计谋以此观察他的才学；四是告诉他祸患和困难以观察他的勇敢坚韧；五是用酒灌醉他来观察他的品性是否表里如一；六是用财物利诱他以察看他是否清正廉洁；七是限定时间要求他完成一件事以此察看他是否诚信。

点 评

正所谓“试玉要烧七日满，辨人须待十年期”。的确，试玉难，识人更是不易。因为要全方位地认识一个人，就不能忽略其爱好、志趣，不能忽略其才学、能力，不能忽略其品味、节气，否则，就有可能因为认识的不全面而导致这样或那样的失误，甚至害人害己祸国殃民。比如寇准就曾因为赏识丁谓的才干而提拔他，却忽略了他的人品，结果自己最终深受其害，恐怕至死也懊悔不已；相反鲍叔牙因为全面了解管仲而荐他为相，不仅使得齐国成为春秋之霸，而且留下知人善任的美誉。

子思荐才

子思言苟变于卫侯曰[①]："其才可将五百乘[②]。"公曰："吾知其可将。然变也尝为吏，赋于民而食人二鸡子[③]，故弗用也。"子思曰："夫圣人之官人[④]，犹匠之用木也，取其所长，弃其所短。故杞梓连抱而有数尺之朽[⑤]，良工不弃。今君处战国之世，选爪牙之士，而以二卵弃干城之将[⑥]，此不可使闻于邻国也。"公再拜曰："谨受教矣。"

（周纪一）

【注释】

①子思：姓孔名伋，字子思，孔子嫡孙。　苟变：战国时卫国名将。　卫侯：指卫慎公。卫，战国时的一个小国，其地在今河南省濮阳县境内。

②乘（shèng）：古代称兵车四马一车为一乘。

③赋：征税。　鸡子：鸡蛋。

④官人：任用官员。

⑤杞梓：两种优质的木材。常用来比喻杰出的人才。　连抱：多形容树木之粗大。

⑥干城：盾牌和城墙，比喻捍卫国家的将士。

【译文】

子思向卫国国君提起苟变时说："他的才能可统领五百辆战车。"卫侯说："我知道他是个将才。可是苟变做官吏的时候，有次征税吃了老百姓两个鸡蛋，所以我不用他。"子思说："圣人选人任官，就好比木匠选用木料，只选取它的长处，而舍弃它的短处。因此，一根合抱粗的良木有几尺朽烂处，高明的工匠也是不会扔掉它的。现在国君您处在战国纷争的世界里，收罗锋爪利牙的人才，却因为两个鸡蛋而舍弃了一名捍卫国家的大将，这事可千万不能让邻国知道啊！"卫侯听后一再拜谢说："我接受您的指教。"

扩展阅读

宁戚叩角

宁戚欲干齐桓公[①]，穷困无以自进，于是为商旅，赁车以适齐，暮宿于郭门之外[②]。桓公郊迎客，夜开门，辟赁车者[③]，执火甚盛，从者甚众。宁戚饭牛于车下，望桓公而悲，击牛角，疾商歌[④]。桓公闻之，抚其仆之手曰："异哉！此歌者非常人也。"命后车载之。桓公反[⑤]至，从者以请。

桓公曰："赐之衣冠，将见之。"宁戚见，说桓公以合境内[⑥]。明日复见，说桓公以为天下，桓公大说[⑦]，将任之。群臣争之曰："客卫人，去齐五百里[⑧]，不远，不若使人问之，而固贤人也，任之未晚也。"桓公曰："不然。问之恐其有小恶。以其小恶，忘人之大美，此人主所以失天下之士也。且人固难全，权用其长者。"遂举大用之，而授之以为卿。当此举也，桓公得之矣，所以成霸也。

（《新序·杂事》）

【注释】

①宁戚：齐桓公的主要辅佐者之一。　　干：求取，这里是拜见之意。齐桓公：春秋时期齐国的国君，"春秋五霸"之首。

②郭门：外城的门。

③辟：驱赶。

④商歌：悲凉的歌。商声凄凉悲切，故称。

⑤反：通"返"。

⑥合：聚合，这里引申为治理。

⑦说：通"悦"。

⑧去：距离。

【译文】

宁戚想要求见齐桓公，因为贫困而无法进见，于是做了商人，租车到了齐国，晚上住在城门外。齐桓公到郊外迎接客人，夜晚打开城门，派来驱赶商旅车马的人们手中的火把燃得正旺，随从的人也很多。宁戚当时正在车下喂牛，看到桓公不由心中悲伤，就敲着牛角，用洪亮激昂的声音唱起了凄厉哀婉的歌曲。齐桓公听到了，就拉着他下属的手说："奇怪啊，这位唱歌的不是一般人。"便命令后面的车子把宁戚载回朝廷。桓公返回城里，到了朝廷，随从因宁戚的事向他请示，桓公说："给他衣服帽子，我要见他。"宁戚见到桓公，就给齐桓公讲说治理国家的事情。第二天再见到桓公，又拿治理天下事务的见解来说给齐桓公听。桓公非常高兴，想要任用他。群臣劝谏说："这位客人是卫国人，卫国离齐国五百里，不远，不如派人去打听一下，如果真是贤人的话，再任用他也不晚。"桓公说："不是这样的，如果派人去打听的话，恐怕他会有小毛病。因为他的小毛病而忽略了他的大优点，这是国君失去天下贤士的原因啊。况且人本来就很难十全十美，我们姑且用他的长处。"于是提拔重用宁戚，让他作了卿大夫。在这件事上，桓公做得对，这也是他称霸的原因之一啊。

点评

是人都会有优缺点，就像钱币有两面。要是用完美的标准去选用人才，恐怕天下也就不存在什么人才了。从这个方面来看，子思和齐桓公的思想都是正确的，但也要明白，发现人才并非用人的唯一宝典。这两则故事还提醒我们千万不要忽略这两点：在那样的"战国之世"的特殊背景下，用人可以"不计其余，只顾一点"，这自然有功利的一面，而从长远看，如果总用功利的心态去考虑问题，就难免会落入实用主义和短视的泥潭；其次，虽然说用人当用长，但也要注意抑制其短，不给其缺点提供成长的温床，这是当权者必须要考虑的。

千金马骨

燕人共立太子平①，是为昭王。昭王于破燕之后即位，吊死问孤②，与百姓同甘苦，卑身厚币以招贤者③。谓郭隗曰④："齐因孤之国乱而袭破燕⑤，孤极知燕小力少，不足以报。然诚得贤士与共国，以雪先王之耻，孤之愿也。先生视可者，得身事之！"郭隗曰："古之人君有以千金使涓人求千里马者⑥，马已死，买其首五百金而返。君大怒，涓人曰：'死马且买之，况生者乎？马今至矣。'不期年⑦，千里之马至者三。今王必欲致士，先从隗始。况贤于隗者，岂远千里哉？"于是昭王为隗改筑宫而师事⑧之。于是士争趣燕⑨。

（周纪三）

【注释】

①平：燕国太子姬平，即燕昭王。

②吊：慰问。

③卑身：降低身份。

④郭隗：燕昭王客卿。

⑤因：趁着。

⑥涓人：指亲近的内侍。

⑦期(jī)年：一年。
⑧事：服侍。
⑨趣：通“趋”，奔向。

【译文】

燕国人共同推举太子姬平，立为燕昭王。昭王是在燕国被齐国攻破后即位的，他凭吊死者，探访贫孤，与百姓同甘共苦，还降低自己的身份用重金来招募人才。他问郭隗：“齐国乘我们的内乱而攻破燕国，我深知燕国国小力弱，不足以报仇。但我实在愿意招揽贤士与他们共商国是，以雪先王的耻辱，这始终是我的愿望呀。先生您如果见到合适的人才，我一定亲自服侍他。”郭隗说：“古时候有个君主让一个内侍用千金去求购千里马，那个人找到一匹已死的千里马，用五百金买下马头带回。君主大怒，那内侍解释说：'死马您还买呢，何况活的呢！天下人知道了，好马就会送上来的。'不到一年，果然得到了三匹千里马。现在大王您打算招致人才，就请先从我郭隗开始吧。比我贤良的人，都会不远千里前来的。"于是燕昭王为郭隗翻建府第还尊他为老师。从此，各地的贤士果然都争相来到燕国。

扩展阅读

四顾马周

马周[①]，博州茌平人也。贞观五年，至京师，舍于中郎将常何之家[②]。时太宗令百官上书言得失，周为何陈便宜二十余事[③]，令奏之，事皆合旨。太宗怪其能[④]，问何，何对曰："此非臣所发意，乃臣家客马周也。"太宗即日召之，未至间，凡四度遣使催促。及谒见，与语甚悦。令直门下省，授监察御史，累除中书舍人[⑤]。周有机辩，能敷奏[⑥]，深识事端，故动无不中[⑦]。太宗尝曰："我于马周，暂时不见，则便思之。"十八年，历迁中书令，兼太子左庶子，周既职兼两宫，处事平允，甚获当时之誉。又以本官摄吏部尚书。太宗尝谓侍臣曰："周见事敏速，性甚慎至。至于论量人物[⑧]，直道而言，朕比任使之[⑨]，多称朕意。既写忠诚，亲附于朕，实藉此人，共康时政也[⑩]。"

（《贞观政要·任贤》）

【注释】

①马周：唐初大臣。

②舍：住宿。

③便宜（biàn yí）：指有利国家、合乎时宜之事。

④怪：对……奇怪。

⑤累：连带。　除：授予官位。

⑥敷奏：陈奏，向君上报告。

⑦中：正好符合。

⑧论量：评价衡量。

⑨比：与……相比。

⑩康：使……安康。

【译文】

马周是博州茌平人。贞观五年时，他到了京师长安，在中郎将常何家中寄宿。当时唐太宗李世民让文武百官上书谈论朝政的得失，马周帮助常何罗列出二十余件事情，让他上奏，结果都很符合圣意。唐太宗对常何的才能感到很是奇怪，就问常何，常何回答说："这些都不是微臣的意思，而是属下的食客马周所提出的。"唐太宗即刻召见马周，没到达的期间，曾四次派遣属下去催促。到了马周晋见时，唐太宗与马周谈得很高兴。命令马周在门下省担任职位，授予他监察御史一职，并连官中书舍人。马周为人机智善辩，善于上奏，十分了解事情的原由，所以上奏没有一次不合太宗心意的。太宗曾说："我对于马周，若有一时不见，就会想他。"贞观十八年，马周升官中书令，兼职太子左庶子，马周已经兼职两宫，处理事情公平合理，很受到当时人们的赞赏。后又以中书令的身份兼任吏部尚书。太宗经常对身边的侍者说："马周处事迅速，天性谨慎。至于评价他人，直言不讳，比起我所委派任用之人，还是他比较合乎我的意思。马周既然表现出了他的忠诚，又亲附于我，也实在只有借助他，能够与我共同努力使社稷安康！"

点　评

周文王渭水诚心访贤，才使得周朝蒸蒸日上；刘备三顾茅庐，终致自己在那纷争的时局中寻到一方天下……这样的故事真的讲不胜讲，但是不管怎样，它们都有一个共同的主题——重用贤士！因为只有这样，人君的心灵才能被擦得越发明亮。所以，"昭王"

不惜“为隗改筑宫而师事之”，唐太宗为早见马周而“四度遣使催促”，也正是这样礼贤下士的态度，让他们换得了人心，换得了国家的辉煌。

鸡鸣狗盗

或谓秦王曰[①]："孟尝君相秦[②]，必先齐而后秦；秦其危哉！"秦王乃以楼缓为相[③]，囚孟尝君，欲杀之。孟尝君使人求解于秦王幸姬，姬曰："愿得君狐白裘。"孟尝君有狐白裘，已献之秦王，无以应姬求。客有善为狗盗者，入秦藏中[④]，盗狐白裘以献姬。姬乃为之言于王而遣之。王后悔，使追之。孟尝君至关，关法[⑤]，鸡鸣而出客，时尚蚤[⑥]，追者将至，客有善为鸡鸣者，野鸡闻之皆鸣。孟尝君乃得脱归。

（周纪三）

【注释】

①或：有的人。

②相：担任……的丞相。

③楼缓：战国后期著名纵横家。

④藏：储放东西的地方。

⑤关法：守关的制度。

⑥蚤：通“早”。

【译文】

有人劝告秦王：“孟尝君做秦国丞相，一定会先考虑齐国的利益而后才考虑秦国，这样秦国就危险了！”秦王于是任楼缓为丞相，囚禁了孟尝君，想杀掉他。孟尝君派人向秦王宠爱的姬妾求情，姬妾说：“我希望得到你那件白狐皮袍。”孟尝君确实有件白狐皮袍，但已经献给了秦王，无法满足姬妾的要求。他的门客中有个善于盗窃的，便潜入秦宫仓库，盗出白狐皮袍送给了那个姬妾。姬妾于是替孟尝君说情让秦王释放他回国。后来秦王又后悔了，就派人去追。孟尝君急急逃到边关，按照守关制度，要等鸡叫才能放行过客，而这时天色还早。眼看秦王派来追的人马上就到，幸亏孟尝君门客中有善学鸡叫的人，四野的鸡一听他的叫声也都引颈长鸣，孟尝君这才得以出关脱身。

扩展阅读

甘戊渡河

甘戊使于齐[①]，渡大河。船人曰：“河水间耳[②]，君不能自渡，能为王者之说乎[③]？”甘戊曰：“不然，汝不知也。物各有短长。谨愿敦厚，可事主，不施用兵。骐骥、騄駬[④]，足及千里，置之宫室，使之捕鼠，曾不如小狸。干将为利，名闻天下，匠以治木，不如斤斧。今持楫而上下随流，吾不如子；说千乘之君[⑤]、万乘之主，子亦不如戊矣。”

（《说苑·杂言》）

【注释】

①甘戊：战国秦武王时为左相。

②间：通“涧”，意为河水像山涧一样浅。

③说：通“悦”。

④骐骥、騄駬：骏马的名称。

⑤说（shuì）：游说。

【译文】

甘戊出使齐国，要渡过一条大河。船家说：“河水那么浅，你都不能靠自己的力量渡河，又怎么能做出使齐王高兴的事呢？”甘戊说：“不是这样的，你不懂。事物各有长处和短处：老实谨慎地做事，可以辅助主人不战而胜；騄駬、騄駬这样的好马，可以日行千里，而把它们放在家里，让它们去捕老鼠，还不如小猫；干将这样锋利的好剑，工匠用来伐木还不如斧头。而现在在河中摇船，进退自如，我不如你；游说那些国君，你也就不如我了。”

点评

正所谓“五指长短不一般”，在这个世界上谁都难免有长处也有短处。但是，我们看人却不要因此而只看到其短的一面。就像那“鸡鸣”“狗盗”之徒在关键时刻也能救孟尝君于危难之中；甘戊虽不会摆渡过河，但他却能担负国家重任。那么，由此看来，无论是谁，不管怎样，都会有用武之地，找准自己的位置才是关键。

知人善用

帝置酒洛阳南宫，上曰："彻侯、诸将毋敢隐朕[①]，皆言其情。吾所以有天下者何？项氏之所以失天下者何？"高起、王陵对曰："陛下使人攻城略地，因以与之，与天下同其利；项羽不然，有功者害之，贤者疑之，此其所以失天下也。"上曰："公知其一，未知其二。夫运筹帷幄之中，决胜千里之外，吾不如子房[②]；填国家[③]，抚百姓，给饷馈，不绝粮道，吾不如萧何[④]；连百万之众，战必胜，攻必取，吾不如韩信。三者皆人杰，吾能用之，此吾所以取天下者也。项羽有一范增而不能用，此所以为我禽也[⑤]。"群臣说服[⑥]。

（汉纪三）

【注释】

①彻侯：官名，秦、汉时二十等爵的最高级。

②子房：张良字子房，刘邦的重要谋臣。

③填：通"镇"，使安定。

④萧何：刘邦的重要谋臣。

⑤禽：通"擒"。

⑥说：通"悦"。

【译文】

刘邦在洛阳南宫举行酒宴，他说道："各位彻侯、将军，不要对朕隐瞒，都来说说这个道理，我之所以能取得天下的原因是什么？项羽之所以失掉天下的原因又是什么呀？"高起、王陵回答说："陛下派人攻城掠地，攻取了城邑、土地就分封给他，与大家同享利益；项羽却不是这样，他对有功的人残害，对贤能的人猜疑，这就是他失去天下的原因。"刘邦说："你们是只知其一，不知其二啊。至于运筹于帷幄之中，决胜于千里之外，我不如张良；镇守国家，安抚百姓，供给粮饷，保持运粮道路畅通无阻，我不如萧何；统率百万大军，战必胜，攻必克，我不如韩信。这三位都是人中英杰，而我能够任用他们，这就是我所以能取得天下的原因。项羽虽然有一个范增，却不能信任重用他，这便是项羽之所以被我抓获打败的原因呀。"群臣都心悦诚服。

扩展阅读

用人唯长

臣闻老子曰："以正理国，以奇用兵，以无事取天下[①]。"荀卿[②]曰："人主者，以官人为能者也[③]；匹夫者，以自能为能者也[④]。"傅子曰[⑤]："士大夫分职而听，诸侯之君分土而守，三公总方而议，则天子拱己而正矣[⑥]。"何以明其然耶？当尧之时，舜为司徒，契为司马[⑦]，禹为司空，后稷为田官，夔为乐正，倕为工师[⑧]，伯夷为秩宗[⑨]，皋陶为理官[⑩]，益掌驱禽[⑪]。尧不能为一焉，奚以为君？而九子者为臣，其故何也？尧知九赋之事[⑫]，使九子各授其事，皆胜其任以成九功。尧遂乘成功以王天下[⑬]。

（《长短经·大体》[⑭]）

【注释】

①无事：无为。

②荀卿：荀况。

③官：通“管”，管制，管理。

④自能：自己能干、有能力。

⑤傅子：西晋初年的文学家、思想家傅玄。

⑥拱己而正：即垂拱而治，古时比喻统治者不做什么便使天下太平。

⑦契：商朝的祖先，传说是舜的臣。

⑧倕：相传为中国上古尧舜时代的一名巧匠，善作弓、耒、耜等。 工师：为掌管百工及手工业之官。

⑨秩宗：古代掌宗庙祭祀的官。

⑩皋陶：上古传说中的人物。传说他是虞舜时的司法官。 理官：治狱之官。

⑪益：皋陶之子。 驱禽：这里指驯练用于作战的野兽。

⑫赋：特指生成的资质，才能。

⑬乘：利用。

⑭《长短经》：是唐代学者赵蕤（ruí）所编写的一本纵横学著作，亦称《反经》。

【译文】

我听老子说过：“治国要用正道，用兵用奇招，以无为的方式而获得天下。”荀子的说法是：“做帝王的，善于管理别人才算是有才能；普通人，以自己能干为有才能。”傅玄说：“能让士大夫忠于职守，服从命令；让诸侯国的君主分到土地并守住它；让朝廷三公总揽天下大事并参政、议政，那么天子就可以躬行修身达到天下大治了。”怎么知道他是这样的呢？在尧的时代，舜作司徒，契作司马，禹作司空，后稷管农业，夔管礼乐，倕管工匠，伯夷管祭祀，皋陶判案，益专门负责驯练用于作战的野兽。这些具体的事尧一件也做不了，为什么尧做了君主，而这九个人却做了他的臣子呢？这是因为尧懂得这九个人都各自有什么才能，然后量才使用，而且让他们个个都成就了一番事业。尧凭借他们成就的功业而统治了天下。

点 评

一个优秀的领导，并不一定自己什么都能，重要的一点就是他能够做到知人善用，能够根据每个人的特长把他们安排到适当的岗位中，充分调动他们的积极性。关于这一点，刘邦在他的总结中已经说得透彻明白，他正是凭着知人善用的本领，赢得了纷繁的战争。相反，他的老对头项羽只有一位大贤范增，遗憾的是还没得重用，自然，他的失败也就成了宿命。看来，得人才者得天下，“尧遂乘成功以王天下”也正是此言的另一个鲜活的例证。

前车之鉴不敢忘

——教训篇

纸上谈兵

初，赵括自少时学兵法[1]，以天下莫能当；尝与其父奢言兵事[2]，奢不能难，然不谓善。括母问其故，奢曰："兵，死地也[3]，而括易言之。使赵不将括则已；若必将之，破赵军者必括也。"及括将行，其母上书，言括不可使。王曰："何以？"对曰："始妾事其父，时为将，身所奉饭而进食者以十数[4]，所友者以百数，王及宗室所赏赐者，尽以与军吏士大夫；受命之日，不问家事。今括一旦为将，东乡而朝[5]，军吏无敢仰视之者；王所赐金帛，归藏于家，而日视便利田宅可买者买之。王以为如其父，父子异心，愿王勿遣！"王曰："毋置之，吾已决矣！"

（周纪五）

【注释】

①赵括：战国时期赵国人，赵国名将马服君赵奢之子。

②奢：赵奢。

③死地：死亡之地。意思是说带兵很重要，事关生死存亡。

④奉：通"捧"。

⑤乡：通"向"。　朝：指接受朝拜。

【译文】

起初，赵括从小就学习兵法，自以为天下无人可比。他曾与父亲赵奢讨论兵法，赵奢也难不倒他，但赵奢总不说他有真才。赵括的母亲询问原因，赵奢说：“带兵打仗，就是出生入死，而赵括谈起来却很随便。那么，将来赵国不用他为大将也就罢了，如果一定要用他，灭亡赵军的必定是赵括。”等到赵括受命将要出发，他的母亲急忙上书，指出赵括不能重用。赵王问：“何以见得？”她回答说：“当年我侍奉赵括的父亲，他做大将时，亲自捧着饭碗招待的有几十位，他所结交的朋友有几百人。大王及宗室王族给他的赏赐，他全部分发给将士。他自接受命令之日起，就不再理睬家事。可是现在赵括刚刚做了大将，就向东高坐，接受拜见，大小军官没人敢抬头正脸看他。大王赏给他的金银绸缎，全部拿回家藏起来，每天忙于察看有什么良田美宅可买的就买下。大王您以为他像他父亲吗？其实他们父子用心完全不同。请大王千万不要派他去。”赵王却说：“你不用管，我已经决定了。”

扩展阅读

空谈船法

昔有大长者子[①]，共诸商人入海采宝。此长者子善诵入海捉船方法[②]，若入海水漩洑洄流矶激之处[③]，当如是捉，如是正[④]，如是住[⑤]。语众人言："入海方法，我悉知之。"众人闻已，深信其语。既至海中，未经几时，船师遇病，忽然便死。时长者子即便代处。至洄洑驶流之中[⑥]，唱言[⑦]："当如是捉，如是正。"船盘回旋转，不能前进至于宝所。举船商人，没水而死。

（《百喻经》[⑧]）

【注释】

①长者：显贵有德的老人。

②捉船：掌舵，驾船。

③漩洑：漩涡。　矶：水中岩石或石滩。

④正：矫正方向。

⑤住：停靠。

⑥洄洑：湍急回旋的流水。　驶流：急流。

⑦唱：大声说。

⑧《百喻经》：全称《百句譬喻经》，是古天竺高僧伽斯那撰，南朝萧齐天竺三藏法师求那毗地译。《百喻经》称"百喻"，就是指有一百篇譬喻故事。

【译文】

从前有一个显贵有德的老人的儿子，他与众商人一起到大海中采宝。这位显贵有德的老人的儿子擅长背诵入海驾船的方法：如果船在海中行驶到有旋涡、逆流、礁石的地方，应该怎样驾驶、怎样校正方向、怎样停靠等。他就告诉大家说："入海驾船的方法我全都知道。"大家听了都相信他的话。一次船行驶到了大海后没过多久，船师生病忽然死了。这时显贵有德的老人的儿子就代替死去的船师驾船。当船行驶到有漩涡的急流中，他大声背诵：“该这样掌舵，该这样停靠。”可是船只是在漩涡中打转，无法继续前进到达采宝的地方。结果满船人最终都落水而死。

点 评

古人云：“纸上得来终觉浅，绝知此事要躬行。”此言不假，任何来自纸上的经验，无论是多么经典，都需要与实践结合才能真正地发挥妙用，否则，仅仅靠一纸空谈，拿来治国就可能误国，用以打仗恐怕会惨败，即使用于指导生活，也可能会带来麻烦。就像这里的赵括，尽管“其父奢言兵事，奢不能难”，可他用那一套来打仗最终落得个全军覆没的下场；还有那位“大长者子”，船法背诵的确熟练，可他在危急关口却只能让“船盘回旋转”，结果“举船商人，没水而死”。

骄兵必败

项梁已破章邯于东阿[①]，引兵西，北至定陶，再破秦军。项羽、沛公又与秦军战于雍丘[②]，大破之，斩李由。项梁益轻秦，有骄色。宋义谏曰[③]："战胜而将骄卒惰者，败。今卒少惰矣[④]，秦兵日益，臣为君畏之。"项梁弗听。乃使宋义使于齐，道遇齐使者高陵君显[⑤]，曰："公将见武信君乎？"曰："然。"曰："臣论武信君必败。公徐行即免死，疾行则及祸。"二世悉起兵益章邯击楚军[⑥]，大破之定陶，项梁死。

（秦纪三）

【注释】

①项梁：项羽的叔父，自号武信君。　章邯：秦二世时任少府，为秦朝的军事支柱。　东阿：地名，在今山东省聊城地区。

②雍丘：今河南省杞县。

③宋义：楚怀王的上将军。

④少：稍稍，稍微。

⑤高陵君显：秦公子悝，名显。

【译文】

项梁已在东阿击败了章邯的军队，接着就领兵西进，向北到定陶时，再度打败秦军。项羽、刘邦又在雍丘与秦军交战，大败秦军，斩杀了李由。项梁于是更加轻视秦军，显露出骄傲的神色。宋义便规劝道："打了胜仗后，如果将领骄傲、士兵怠惰，必定会失败。现在士兵已有些怠惰了，而秦兵却在一天天地增多，我替您担心啊！"但项梁不听从劝告。又派宋义出使齐国。宋义在途中遇到齐国的使者高陵君显，问他道："您将要去会见武信君吗？"他回答说："是啊。"宋义道："我断定武信君必会失败。您慢点去当可免一死，快赶去就将遭受祸殃。"这时秦二世调动全部军队增援章邯攻打楚军，在定陶大败楚军，项梁战死。

扩展阅读

哀兵必胜

用兵有言："吾不敢为主，而为客[①]；不敢进寸，而退尺。"是谓行无行[②]，攘无臂[③]，扔无敌[④]，执无兵[⑤]。祸莫大于轻敌，轻敌几丧吾宝[⑥]，故抗兵相若，哀者胜矣。"

（《老子》）

【注释】

①客：这里指不主动进犯，而是防守。

②行无行：行军却没有行阵。

③攘：捋起。

④扔：投掷，这里指进攻。

⑤执：拿着。　兵：兵器。

⑥宝：指“慈”、“俭”、“不敢为天下先”三宝。

【译文】

用兵的人曾经这样说：“我不敢主动进犯，而采取守势；不敢前进一步，而宁可后退一尺。”这就叫做虽然有阵势，却像没有阵势可摆一样；虽然要奋臂，却像没有臂膀可举一样；虽然面临敌人，却像没有敌人可打一样；虽然有兵器，却像没有兵器可以执握一样。祸患再没有比轻敌更大的了，轻敌几乎丧失了我的“三宝”。所以，两军实力相当的时候，悲痛的受侵略的一方可以获得胜利。

点　评

兵家有言：骄兵必败，哀兵必胜。因为骄傲，往往也就容易轻视敌兵，自然也就难以准确判断对方情形，那么，就会因为错误的判断而难以制胜。这里的项梁就是如此，因为暂时的胜利让他骄傲得连劝谏也不听，贸然对敌，结果断送了自己的性命。而哀兵则相反，凡事都小心翼翼，自然能够仔细地分析敌情，从而抓住有利时机而一举取胜。其实，不仅打仗如此，在任何一个领域也是一样，凡事骄必败，哀必胜。

孔融致祸

融恃其才望[①]，数戏侮曹操，发辞偏宕[②]，多致乖忤[③]。操以融名重天下，外相容忍而内甚嫌之[④]。融又上书："宜准古王畿之制[⑤]，千里寰内不以封建诸侯。[⑥]"操疑融所论建渐广，益惮之。融与郗虑有隙[⑦]，虑承操风旨[⑧]，构成其罪，令丞相军谋祭酒路粹奏[⑨]："融昔在北海，见王室不静，而招合徒众，欲规不轨[⑩]。及与孙权使语，谤讪朝廷[⑪]。又，前与白衣祢衡跌荡放言[⑫]，更相赞扬。衡谓融曰'仲尼不死'，融答'颜回复生'，大逆不道，宜极重诛。"操遂收融[⑬]，并其妻子皆杀之。

（汉纪五十七）

【注释】

①融：孔融，东汉文学家。汉献帝时为北海（今昌乐以东地区）相。

②偏宕：偏激过当。

③乖忤：抵触。

④外：表面。

⑤准：按照。　王畿：首都附近受君主管辖的地区。　寰内：古谓帝京周围千里之内。

⑥郗虑：字鸿豫，曾效力于东汉和魏，官至御史大夫。

⑦隙：嫌隙，仇隙。

⑧风旨：指君主的旨意，意图。

⑨军谋祭酒：官名，类似于今天的参谋。　路粹：东汉末年文士。

⑩规不轨：图谋不轨。

⑪谤讪：毁谤讥刺。

⑫祢衡：东汉末年名士，文学家。

⑬收：逮捕，拘押。

【译文】

孔融倚仗自己的才气与名望，屡次戏弄、嘲笑曹操，还时常发表些偏激过当的言论，多与曹操意见不合。曹操因为孔融天下闻名，所以表面上容忍他而心里却十分厌恶。孔融又上书给汉献帝说："应该遵照古代的王畿制度，在京师周围一千里的地方，不可建立封国。"曹操发现孔融的议论范围越来越广，对孔融更加忌惮。孔融与郗虑一向有矛盾，郗虑就秉承曹操的意思，罗织孔融的罪状，命令丞相军谋祭酒路粹上奏："孔融从前担任北海相时，看到天下大乱，就召集徒众，准备图谋不轨。后来与孙权的使者谈话，又诽谤讥讽朝廷。另外，他从前与平民祢衡在一起时行为放荡，互相标榜，祢衡称赞孔融为'不死的孔子'，孔融称赞祢衡是'颜回转世'。这些都是大逆不道的行为，应该处以极刑。"曹操于是下令逮捕孔融，连他的妻子儿女一起处死。

扩展阅读

祢衡之死

刘表及荆州士大夫，先服其才名[①]，甚宾礼之[②]，文章言议，非衡不定。表尝与诸文人共草章奏，并极其才思。时衡出，还见之，开省未周，因毁以抵地。表怃然为骇[③]。衡乃从求笔札，须臾立成，辞义可观。表大悦，益重之。

后复侮慢于表，表耻，不能容，以江夏太守黄祖性急[④]，故送衡与之，祖亦善待焉。衡为作书记，轻重疏密，各得体宜。祖持其手曰："处士，此正得祖意，如祖腹中之所欲言也。"祖长子射，为章陵太守，尤善于衡。射时大会宾客，人有献鹦鹉者，射举卮于衡曰[⑤]："愿先生赋之，以娱嘉宾。"衡揽笔而作，文无加点[⑥]，辞采甚丽。

后黄祖在蒙冲船上[⑦]，大会宾客，而衡言不逊顺，祖惭，乃呵之。衡更熟视曰："死公！"祖大怒，欲加棰。衡方大骂，祖恚[⑧]，遂令杀之。祖主簿素疾衡[⑨]，即时杀焉。

（《后汉书·文苑列传·祢衡传》）

【注释】

①其：他，代指祢衡。

②宾礼：引申为敬重。

③怃然：惊愕貌。

④黄祖：东汉末年荆州牧刘表部下的江夏太守。

⑤卮：酒杯。

⑥文无加点：文章一气呵成，无须修改。形容文思敏捷，写作技巧纯熟。

⑦蒙冲：代指有良好防护的进攻性快艇。

⑧恚：发怒。

⑨疾：恨。

【译文】

刘表和荆州的士大夫，先前就佩服祢衡的才气、名声，非常尊敬他，刘表手下人写的文章、言谈议论，没有祢衡的意见就不能定下来。一次刘表曾经和几个文人共同草拟奏章，大家都极尽才力。当时祢衡正好外出，回来时看了他们拟的奏章，觉得刘表等对奏章的解释不严密，就撕掉扔在了地上。刘表感到奇怪而且担忧。祢衡于是要来笔纸，立刻写成，言辞、语义可观。刘表十分高兴，更加器重他。

后来祢衡又侮辱、轻慢刘表，刘表觉得羞耻，不能容忍，认为江夏太守黄祖性情急躁，就把祢衡又送给了黄祖，黄祖也能善待祢衡。祢衡替黄祖做文书方面的事，孰轻孰重、孰疏孰亲，都处理得很恰当。黄祖拉着祢衡的手说："先生，这正合我的意，和我心中要说的话一样啊。"黄祖的长子黄射，为章陵太守，和祢衡尤其友善。黄射一次宴请宾客，有人送给他一只鹦鹉，黄射举着酒杯对祢衡说："希望先生就鹦鹉作一篇赋，以此来使嘉宾高兴高兴。"祢衡提笔就写，中间没有任何改动，一气呵成，且文辞华美。

后来黄祖在快艇上宴请宾客，但祢衡出言不逊，使黄祖很难堪，就斥责祢衡。祢衡便仔细地盯着黄祖，说："死老头！"黄祖非常生气，要打他。祢衡便大骂，黄祖气愤到极点，就下令杀祢衡。因为黄祖的主簿一向就很痛恨祢衡，即刻就杀了祢衡。

点　评

相信人们在为孔融、祢衡叹息的时候都会从中感悟到这样的道理：学会高调做事低调做人，让谦虚伴随终身。这样，你才会赢得他人的尊重，减少恶意的敌人，人生之路也就会走得更加顺畅！切记：我们没有理由以高傲的目光去审视别人，也没有资格用不屑一顾的神情去嘲笑他人。

兼听则明

上问魏征曰[①]："人主何为而明，何为而暗？"对曰："兼听则明，偏信则暗[②]。昔尧清问下民，故有苗之恶得以上闻[③]；舜明四目，达四聪，故共、鲧、驩兜不能蔽也[④]。秦二世偏信赵高，以成望夷之祸[⑤]；梁武帝偏信朱异[⑥]，以取台城之辱[⑦]；隋炀帝偏信虞世基[⑧]，以致彭城阁之变[⑨]。是故人君兼听广纳，则贵臣不得拥蔽[⑩]，而下情得以上通也。"上曰："善！

（唐纪八）

【注释】

①上：皇上，指唐太宗。

②暗：昏庸糊涂。

③有苗：古部落名。

④共、鲧、驩兜：指上古传说中的共工、鲧、驩兜，均为劣臣。

⑤望夷之祸：指秦二世偏信赵高，最终在望夷宫被赵高所杀之事。

⑥梁武帝：即萧衍，南朝梁的建立者。　朱异：字彦和，吴郡吴县人，深受梁武帝宠爱。

⑦台城之辱：梁武帝因受贿在这里被下臣侮辱。

⑧虞世基：字懋世，隋朝会稽余姚人，博学有高才，尤善草隶。隋炀帝时靠谄媚而获得宠信。

⑨彭城阁之变：指公元618年宇文化及发动叛乱，在扬州彭城阁缢弑炀帝。

⑩贵臣：宦官。　拥蔽：堵塞、遮掩。　拥：堵塞。

【译文】

唐太宗问魏征："君主怎样才算明辨是非，怎样算是昏庸糊涂呢？"魏征回答说："广泛地听取意见就能明辨是非，偏信某个人就会昏庸糊涂。从前尧帝明晰地向下面的民众了解情况，所以有苗作恶之事能及时掌握。舜帝耳听四面，眼观八方，故共、鲧、驩兜都不能蒙蔽他。秦二世偏信赵高，结果在望夷宫被赵高所杀；梁武帝偏信朱异，结果在台城因受贿被臣下侮辱；隋炀帝偏信虞世基，终至死于扬州的彭城阁兵变。所以君主要是能够广泛听取意见，那么宦官便不敢蒙蔽，下面的情况就能够得以反映上来。"唐太宗说："好啊！"

扩展阅读

谄谀亡国

宋昭公出亡[①]，至于鄙[②]，喟然叹曰："吾知所以亡矣。吾朝臣千人，发政举吏[③]，无不曰'吾君圣者'，侍御数百人，被服以立[④]，无不曰：'吾君丽者！'内外不闻吾过，是以至此！"由宋君观之，人主之所以离国家失社稷者，谄谀者众也。故宋昭公亡而能悟，卒得反国云[⑤]。

（《新序·杂事》）

【注释】

①出亡：出国逃亡。

②鄙：采邑，小邑，这里借指别的国家。

③发政举吏：施政办事。

④被：通"披"。

⑤反：通"反"。

【译文】

宋昭公出逃到了别的国家后，感慨地说道："我知道亡国的原因了。我朝做官的近千人，干政事的时候，没有一个人不说'我们君主圣明'的，侍者卫士数百人，披着衣服站立，没有一个不说'我们君王长得美'的，朝内朝外都听不到说我过错的，因此我才落到了这个地步呀！"在宋君看来，做君王的之所以离开国家失掉社稷，是因为谄媚的人太多了。所以宋昭公在逃亡中能够醒悟，最后得以返国重振。

点 评

想要有所作为，就要虚心听取别人的批评和建议，要保持清醒的头脑，不要被阿谀奉承者蒙蔽，要及时发现和改正自己的缺点和错误，从而适当地调整自我，与时俱进。只有这样，才能在激烈的竞争中立于不败之地。

德为才先

有刘晓者，上疏论选[1]，以为："今选曹以检勘为公道[2]，书判为得人[3]，殊不知考其德行才能。况书判借人者众矣。又，礼部取士，专用文章为甲乙，故天下之士，皆舍德行而趋文艺，有朝登甲科而夕陷刑辟者[4]，虽日诵万言，何关理体[5]！文成七步，未足化人。况尽心卉木之间，极笔烟霞之际，以斯成俗，岂非大谬！夫人之慕名，如水趋下，上有所好，下必甚焉。陛下若取士以德行为先，文艺为末，则多士雷奔，四方风动矣！"

（唐纪十八）

【注释】

①选：指选拔人才。

②选曹：吏部。

③书判：指书法和文理。

④刑辟：刑法，刑律。

⑤理体：治政之体要。

【译文】

有个叫刘晓的人，给皇帝上书论选拔人才。他认为：“现在吏部以考查功过为公平，以书法和文章作为选取人才的手段，而不知道考察人的道德品行和才能。况且假借别人的书法和文章的人多着呢！还有，礼部选才，专以文章来定等次，因此天下的士人都不重视道德品行的修养而是努力追求写作技巧，结果出现了早上考取甲等进士，晚上即因犯法而被治罪的人，这样的人即使每日能诵读上万言，和治政之体要有什么关系呢！即使能像曹植一样在行走七步的时间内写成文章，也不足以教化百姓。况且只把心思全用在花草树木之间，将笔墨全耗费在云霞之际，让这种情况成为风气，岂不是太荒谬了！人们羡慕声名的本性就像水必然向下流一样，在上位的人喜欢什么，在下位的人喜欢的程度就一定会超过他们。陛下如果选拔人才首先考虑道德品行，而把写作技巧放在末位，那么众多的士人就会雷厉风行地修养德行，四方就会闻风响应。”

扩展阅读

一钱落职

南昌某，父为国子助教，随任在京。偶过延寿寺街，见书肆中一少年数钱买《吕氏春秋》，适堕一钱于地。某暗以足践之，俟其去而俯拾焉。旁坐一翁，凝视良久，忽起，叩某姓氏，冷笑而去。

后某以上舍生入誊录馆[①]，谒选，得江苏常熟县尉。束装赴任，投刺谒上台[②]。时潜庵汤公巡抚江苏[③]，十谒不得一见。巡捕传汤公命，令某不必赴任，名已挂弹章矣[④]。问所劾何事。曰："贪。"某自念尚未履任，何得有赃款？必有舛错，急欲面陈。巡捕入禀，复传汤公命曰："汝不记昔年书肆中事耶？为秀才时，尚且一钱如命；今侥幸作地方官，能不探囊胠箧[⑤]，为纱帽下之劫贼乎？请即解组去[⑥]，毋使一路哭也！[⑦]"

某始悟日前叩姓氏者，即潜庵汤公，遂惭愧罢官去。

（《谐铎》[⑧]）

【注释】

①上舍：宋代太学分外舍、内舍和上舍，学生可按一定的年限和条件依次而升。至清代，便以"上舍"为监生的别称。　誊录馆：古代考试机构。

②刺：名片，名帖。　上台：上司。

③潜庵汤公：指汤斌，字孔伯，清代著名清官。

④弹章：弹劾的公文。

⑤探囊胠箧：用手摸袋子，撬开小箱子，指偷盗。

⑥解组：解下佩印的绶带，指辞官。　组，用丝织成的宽带子，古时官员用作佩带印纽的绶带。

⑦一路哭：在一个地区内，到处是老百姓的哭声。比喻一个地区的百姓因遭受灾难而痛苦。　路，宋代的行政区域名。

⑧《谐铎》：清代戏曲作家沈起凤撰写的一部文言短篇小说集。

【译文】

南昌有个人，他的父亲是国子监助教，他就跟随父亲住在京城。偶然一次经过延寿寺街，见书店中有一个少年正在数着钱买《吕氏春秋》，正好有一个铜钱掉在地上。这个人便偷偷用脚踩上，等到少年离去后再弯腰拾起来。当时旁边坐着一个老翁，注视了他很长时间，忽然起来问这个人的姓名，然后冷笑着离开了。

后来这个人以上舍生的身份进入誊录馆，通过面试任命，得到江苏常熟县尉的官职。他整装去上任，投了一张名帖求见上司。当时汤潜庵先生，是江苏的巡抚，这个人求见十次都没见成。巡捕传来汤大人的话让这个人不必去上任了，因为汤大人已经上奏弹劾他了。这个人问弹劾他什么事。回答说：“贪污。”这个人想自己还没有上任，哪来的赃款呢？一定有误会，急忙想当面陈述辩解。巡捕进府禀报，又传汤大人的话说：“你不记得当年书店中的事了？当秀才的时候，尚且视一文钱如命；如今侥幸当了地方官，能不搜刮索贿，做一个戴纱帽的劫匪吗？马上解任走吧，不要给该地区的人带来灾难了。”

这个人才醒悟当时问他姓名的老翁，就是潜庵汤大人，于是羞愧地罢官离开了。

点评

对于人才的选用，每个朝代的方法和要求都不尽相同，但是，总的看来，都有一个基本的准绳：相对于才干来讲，更注重德行。因为即便“文成七步”也“未足化人”，而重德则不同，因为若“以德行为先”“则多士雷奔，四方风动”，从而上行下效，形成一片尚德之风，那么，在这样的风气中，自然会优劣得所，人尽其用，上下一体，处处和谐。

请君入瓮

或告文昌右丞周兴与丘神勣通谋[①]，太后命来俊臣鞫之[②]。俊臣与兴方推事对食[③]，谓兴曰："囚多不承，当为何法？"兴曰："此甚易耳！取大瓮，以炭四周炙之，令囚入中，何事不承！"俊臣乃索大瓮，火围如兴法，因起谓兴曰："有内状推兄[④]，请兄入此瓮！"兴惶恐叩头伏罪。

（唐纪二十）

【注释】

①或：有人。　通谋：串通谋反。

②鞫（jū）：审问。

③推事：勘断案件。

④推：审问。

【译文】

有人告发文昌右丞周兴与丘神勣串通谋反，太后就命令来俊臣审讯他。这天来俊臣与周兴正勘断案件，之后一起进餐，来俊臣对周兴说："囚犯多不认罪，应当采用什么办法呢？"周兴说："这很容易，取一个大瓮，用炭火在四周烤它，然后让囚犯进入瓮中，还有什么罪行会不承认？"来俊臣便找来大瓮一个，按周兴说的办法四周用火烤，然后站起来对周兴说："有宫内的文书要审问老兄，那就请老兄进这大瓮！"周兴忙惶恐地叩头认罪。

扩展阅读

丘浚善辩

殿中丞丘浚，多言人也。尝在杭谒珊禅师，珊见之殊傲。俄顷，有州将子弟来谒[1]，珊降阶接礼甚恭[2]，浚不能平。子弟退，乃问珊曰："和尚接浚甚傲，而接州将子弟乃尔恭耶[3]？"珊曰："接是不接，不接是接。"浚勃然起，掴珊数下，乃徐曰[4]："和尚莫怪，打是不打，不打是打。"

（《明道杂志》[5]）

【注释】

①州将：东汉魏晋南北朝时期对于地方州牧、州刺史的别称。

②降阶：走下台阶，以示恭敬。

③乃尔：竟然如此。

④徐：慢慢地。

⑤《明道杂志》：北宋文学家张耒所著的有关宋代历史琐闻笔记。

【译文】

殿中丞丘浚，是个善于言辞人。曾经在杭州去拜访名叫珊的和尚，见面时那和尚显得很傲慢。一会儿，有一名州将子弟来拜访，珊却走下台阶来迎接，很是恭敬，丘浚心中愤愤不平。州将子弟离开后，丘浚就问珊：“和尚您接见我态度很傲慢，可接见州将子弟却为何如此恭敬啊？”珊说：“迎接是不迎接，不迎接是迎接。”丘浚勃然起身，打了珊几记耳光，然后慢慢说道：“和尚不要责怪，打就是不打，不打就是打。”

点 评

人们总是爱说：千万不要搬起石头砸自己的脚。可是，在现实生活中有些人就是不听规劝，偏爱做出自己用石头砸自己的脚的事件。就像那位唐朝的右丞周兴，本该好好的去努力做一名好官，可是却偏要想着去谋反，更愚蠢的是他还自己出主意审罪犯：“取大瓮，以炭四周炙之，令囚入中，何事不承！”自以为聪明的他没想到把这块“石头”举得那么高，最终却要落到自己的脚上面：“有内状推兄，请兄入此瓮！”实乃作茧自缚呀！和尚见人下菜，前倨后恭，还用“接是不接，不接是接”的歪理进行狡辩，丘浚打和尚几记耳光后，同样用“打是不打，不打是打”的歪理还敬和尚。和尚只要承认自己的话是对的，就要承认丘浚的话也是对的。用对方所讲的道理或所用的方法来还敬对方，以达到反驳或揭露对方的目的，即朱熹所谓“即以其人之道，还治其人之身”。